LA BATTLE DU VIVANT

Pour toute information sur notre fonds et nos nouveautés, consultez notre site web : www.deboecksuperieur.com

15, allée de la 2e DB, F-75015 Paris
Rue de Bosquet, 7 – B-1348 Louvain-la-Neuve

Maquette et mise en page : Primo & Primo
Illustrations : Boutanox

Dépôt légal :
Bibliothèque nationale, Paris : octobre 2023
Bibliothèque royale de Belgique, Bruxelles : 2023/13647/146

ISBN : 978-2-8073-4539-3

TANIA LOUIS ◆ AGATHA LIÉVIN-BAZIN ◆ ÉLÉA HÉBERLÉ

LA BATTLE DU VIVANT

Illustré par Boutanox

UNE PLONGÉE DANS LA BIODIVERSITÉ

DBS

Bataille pour voir le monde

J'arrive sur la plage et il a y un monde fou !! Un truc de dingue ! Plein de familles, des serviettes partout, des joueurs de volley-ball, des baigneurs dans les vagues, des enfants autour de châteaux de sable et des vendeurs de beignets.

Non, non, pas du tout, c'est Noël, il fait 9 °C et le crachin breton hante la grève : pas un humain en vue… Mais c'est plein d'algues rouges, vertes et brunes sur les rochers ; elles bordent des flaques bourrées d'espèces de bigorneaux, d'anémones et de crustacés réfugiés là, le temps d'une basse mer. Des oiseaux becquètent tout ce qu'ils peuvent – mais cela n'est rien, encore. Il y a tous ces ciliés, amibes, annélides, nématodes, souvent microscopiques, et des mollusques enfouis dans les profondeurs du sable de plage. Il y a ces minuscules algues unicellulaires, à la surface du sable et des rochers : diatomées, algues vertes et cyanobactéries qui font de la photosynthèse dans la lumière pâlotte du jour… Dans l'eau, là-bas, méduses, animaux du plancton, algues minuscules (encore !) et bactéries font de l'eau un brouet clair qui rend les vagues vivantes. Et moi qui grelotte sous la pluie, je suis habité de milliers d'espèces de bactéries et de levures, champignons unicellulaires, sur ma peau et dans mes intestins – je contiens plus de cellules microbiennes que je ne compte de cellules humaines. Elles m'aident à digérer, à me défendre des microbes pathogènes et leurs sécrétions régulent même mon humeur ! Ah, ce n'est pas fini : saupoudrez le paysage de millions de virus, prêts à parasiter tout ce qui vit. D'ailleurs, je me sens grippé rien que d'y penser.

Eh oui, nous vivons dans un monde peuplé d'organismes que nous ne voyons pas et qui sont incroyablement diversifiés, tant dans leur forme que dans leur façon de vivre. En plus de cela, il y a toutes leurs relations, qui les aident à survivre… ou pas. Là-bas, sur le rocher, dans ce lichen orange, un groupe d'algues fait la photosynthèse, emballé dans les filaments microscopiques d'un champignon qui leur amène des sels minéraux en échange d'un peu de sucre : et ces deux espèces enlacées survivent sur un milieu hostile. Mais tout n'est pas entraide : le lichen d'à-côté, un compétiteur, commence à batailler pour envahir la surface. Et puis, il y a ce petit gastéropode en train de brouter des algues microscopiques qui trouvent que la bataille est trop injuste – un goéland qui va bientôt gober l'animal leur rendra une justice… post-mortem, peu avant de mourir lui-même d'une bactérie qui déjà le rend faiblard depuis quelques jours. Sous mes pieds, les laisses d'algues mortes fourmillent de vies qui s'y nourrissent : puces de mers, larves d'insectes… vérifiant une fois encore que la mort des uns peut faire la vie des autres. Bon, moi je suis venu ramasser des moules : j'y vais.

Peut-on envisager et comprendre toute cette multitude vivante qui partout nous entoure ? Ça prend l'allure d'une bataille pour capturer l'infini ! Justement, Eléa, Tania et Agatha (avec l'aide d'un corbeau, d'une bactérie et d'une plante à fleur blanche) ont bataillé pour mettre cela en ordre : elles vous présentent la vie de façon un peu plus claire que ma balade (*kurf, kurf* : et en plus j'ai attrapé froid). Elles ont organisé cela au travers de 10 grandes fonctions biologiques : oui, les biologistes savent mettre de l'ordre dans la diversité du monde et vous allez voir, ils savent aussi s'en amuser.

Entre nous, ce que j'aime bien dans leur livre c'est que non seulement elles ont bien lu les derniers travaux de recherche (leur pensée, eh bien c'est celle du moment), mais aussi elles nous parlent d'évolution biologique. Oui, car toute cette diversité est le produit de la bataille pour la vie : et nous, nous gagnons la bataille pour comprendre (et pour gérer mieux le monde de demain) si, avec nos trois coautrices, nous nous emparons du vivant par les lois de l'évolution.

Bon je vous quitte, il va falloir que je trouve des herbes pour cuisiner mes moules et quelques légumes – et puis aussi un vin blanc et du pain (la vie serait triste sans levures). Puis je passerai une belle chemise de lin, la ceinture en cuir, ma veste en laine et une cravate de soie : c'est un repas en amoureux ce soir. Il faut que je pense aux fleurs sur la table. C'est pas possible comme le vivant est partout : c'est un peu comme si on ne pouvait pas vivre sans...

... alors on ne peut pas faire l'économie de le comprendre. Les générations passées qui ont cru pouvoir s'en passer (et ont surtout appris à lire, écrire et compter) n'ont pas terriblement réussi, ni en termes de santé, ni en termes d'environnement... Alors, merci, Eléa, Tania et Agatha, car en ouvrant ce livre, qui est moins une bataille qu'un triomphe, on ouvre le mode d'emploi de la vie.

Marc-André SELOSSE

Professeur du Muséum national d'Histoire naturelle et à l'Institut Universitaire de France
Professeur aux universités de Gdansk (Pologne) & Kunming (Chine)

Remerciements

Nous remercions évidemment les éditions De Boeck, qui ont cru en cet ouvrage, et tout particulièrement Fabrice Chrétien et Florence Lemoine, qui nous ont accompagnées dans sa réalisation.

Ce livre doit énormément à l'incroyable travail d'illustration de Guillaume, alias Boutanox, à qui nous adressons notre reconnaissance éternelle pour avoir si bien habillé notre bébé. Sans oublier Zélie, qui a posé les bases des designs des mascottes.

Merci aussi à Marc-André Selosse, qui nous a fait l'honneur d'une superbe et vivifiante préface !

Merci à nos entourages, qui ont été d'une patience et d'un soutien sans faille pendant la rédaction de ce livre.

Merci à Sci-Hub, Zotero et Discord, outils indispensables à notre travail de vulgarisation collectif et à distance.

Enfin, nous avons une pensée émue pour le Café des sciences, l'association qui nous a réunies et sans laquelle ce livre n'aurait vraiment eu aucune chance d'exister !

Agatha, Éléa et Tania

Préambule

Lecteur, lectrice, sache que tu tiens dans tes mains un livre un peu particulier. On te propose d'embarquer avec nous pour un voyage fun et léger dans la jungle impitoyable du vivant. Ici, chaque organisme déborde d'ingéniosité pour sortir du lot ! Tu pourras suivre notre itinéraire dans cette grande compétition en lisant les chapitres dans l'ordre, ou te balader de thème en thème au gré de ton humeur.

Nous, autrices de ce livre, prenons les engagements suivants :

- Nous rendrons hommage à la biodiversité dans son ensemble. Animaux, plantes, micro-organismes et autres originaux difficiles à classer auront tous leur place dans cet ouvrage.
- Nous ferons tout pour être équitables. Afin de laisser sa chance à chaque espèce, nous les comparerons sur dix capacités différentes.
- Nous tâcherons de rester impartiales (même si nous avons chacune nos chouchous) et de présenter chaque organisme sous son meilleur jour. Ce sera à toi de choisir tes préférés, en ton âme et conscience.

Cependant, nous nous excusons par avance : le vivant est bien trop riche pour tenir en un seul livre. Nous avons donc dû faire des choix, toujours douloureux. Pardon aux espèces qui se sentiraient lésées !

Nous cédons désormais nos places à trois mascottes, nos alter ego dessinés, qui t'accompagneront au fil des pages.

C'est parti : la battle du vivant est déclarée ouverte ! Bonne lecture !

Sommaire

Le vivant, qu'est-ce que c'est ?

Une tulipe, un papillon, un champignon, un sapin, un poulet, une algue… Pas de doute, tous ces organismes sont vivants. Alors qu'un caillou, une chute d'eau ou un virus informatique ne le sont pas. *A priori,* ce n'est pas très compliqué de déterminer ce qui a sa place dans ce livre sur le vivant et ce qui ne pointera pas le bout de son nez entre ces pages. *A priori*... Car si, en apparence, il a l'air simple de dire si une chose est vivante ou non, ce n'est en fait pas si facile de fixer une liste de critères qui permettent de définir une fois pour toutes ce qu'est le vivant. Mettons-nous d'accord sur une définition !

Définir le vivant, un vrai casse-tête

Un certain nombre d'organismes sont aujourd'hui considérés comme indiscutablement vivants, sans que ce ne soit évident au premier coup d'œil. Ce lichen, qui semble inerte sur une branche ? Vivant. Cette éponge, immobile au fond de l'eau ? Vivante. Cette *Lithops*, petite plante grasse qui a l'air d'un caillou dans le sable ? Vivante. Et cette levure de boulanger, poudre pratique pour faire lever la pâte à pain, dont quelques sachets se trouvent peut-être dans votre cuisine ? Vivante aussi. Tout comme les bactéries qui parsèment votre peau et que vous ne voyez même pas à l'œil nu… Ça grouille de vie partout !

Lichen

Éponge

Lithops

Cailloux

Levure (*Saccharomyces cerevisiae*)

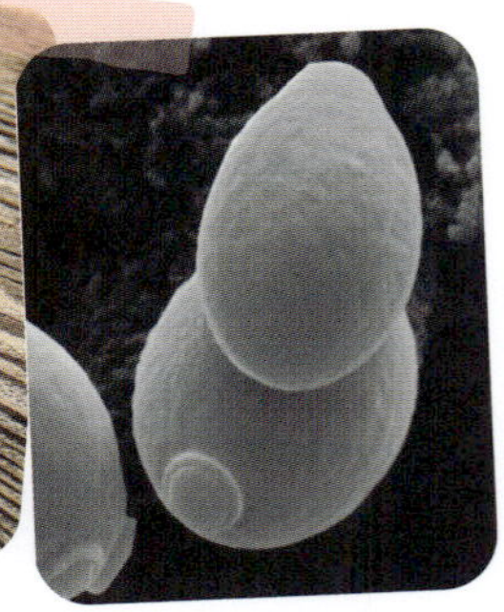

La même, au microscope

Pour définir le vivant, il faut identifier des caractéristiques que tous les êtres vivants partagent mais qu'on ne retrouve chez aucune structure non vivante. Et c'est plus facile à dire qu'à faire ! Jouez le jeu : stoppez votre lecture et prenez un peu de temps pour y réfléchir : à votre avis, qu'est-ce qui différencie le vivant du non-vivant ?

Est-ce la capacité de se déplacer ? Les quatre exemples qu'on vient d'évoquer sont vivants mais relativement immobiles, alors qu'une voiture peut parcourir de longues distances mais n'a rien de vivant. La mobilité n'est donc pas un bon critère de définition du vivant, raté !

Vous avez peut-être aussi pensé que la caractéristique des êtres vivants, c'est qu'ils peuvent mourir ? Bien tenté, mais c'est le serpent (bien vivant) qui se mord la queue : maintenant, vous devez définir la notion de mort… sans faire référence à celle de vivant. Nous voilà bien avancés ! D'autant qu'il existe des choses qu'on peut faire disparaître de façon définitive, donc qui peuvent « mourir », mais qui ne sont pas vivantes : un feu, un lac, une entreprise…

Petit point dictionnaire

Allez, on arrête de vous torturer : les biologistes ne sont pas tous d'accord sur une unique définition du vivant. Mais il y a tout de même trois grands critères qui sont globalement acceptés. Est vivant un organisme qui **se reproduit**, en générant de nouveaux organismes qui lui ressemblent, qui **évolue**, c'est-à-dire qui acquiert de nouvelles caractéristiques pouvant être transmises à sa descendance, et qui **échange** de la matière et de l'énergie avec son milieu.

Appliquez ça aux exemples qu'on vient d'évoquer, vous verrez que ça marche ! Cela dit, il y a des nuances : les jeunes prépubères ne peuvent pas se reproduire, mais ils sont vivants. Les individus stériles ne peuvent pas transmettre leurs nouvelles caractéristiques à leur descendance, mais ils sont vivants. Les graines peuvent passer très longtemps sans échanger avec leur milieu, mais elles sont vivantes.

Les trois critères qu'on vous propose d'utiliser pour définir le vivant ne sont donc pas des cases qu'un être doit cocher en permanence pour être considéré comme vivant. Voyez-les plutôt comme les capacités habituelles des membres d'une espèce, ou de certaines phases d'un cycle de vie. Et même sous cet angle, il y a des originaux qui titillent les limites de la définition.

LES VIRUS : AUX FRONTIÈRES DU VIVANT

De nombreux parasites ne peuvent se multiplier qu'aux dépens d'autres espèces. Ça n'empêche pas de considérer les vers solitaires, poux et autres joyeusetés comme vivants. En plus d'être des parasites, les virus, eux, forment des structures inertes, qui n'échangent ni matière ni énergie avec leur milieu et qu'il est donc difficile de classer côté « vivant »… jusqu'à ce qu'elles trouvent un organisme à infecter ! Car quand ils passent en mode « piratage » pour se multiplier, les virus remplissent tous les critères pour être considérés comme vivants. On attend d'ailleurs encore que les virologues se mettent d'accord pour savoir où les ranger.

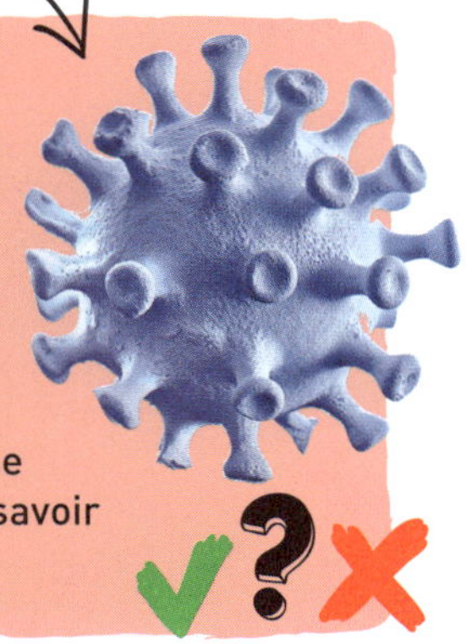

Tout ça montre bien que trouver des définitions qui décrivent de façon rigoureuse le monde qui nous entoure n'est pas aisé. Et encore : l'ensemble des êtres vivants qu'on connaît sont apparus et coexistent sur la même planète. Imaginez à quoi pourrait ressembler la vie ailleurs ! Il nous faudrait revoir nos définitions et créer un nouveau niveau de complexité, qui donne le vertige, mais dans lequel on va soigneusement éviter de plonger dans ce livre…

Tous cousins, et ça se voit

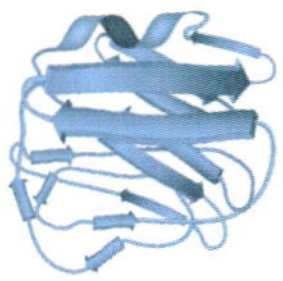

Protéine repliée

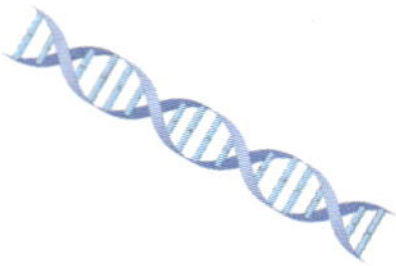

Brin d'ADN

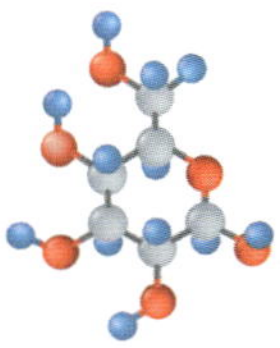

Molécule de glucose

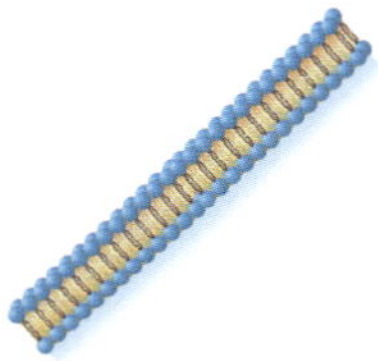

Double couche de lipides

L'origine commune de tous les organismes terriens fait qu'ils partagent un certain nombre de caractéristiques, qui peuvent d'ailleurs aussi servir à définir le vivant. La première est qu'ils dépendent de l'eau liquide, principal composant des organismes. La deuxième est que, au-delà de l'eau, tous sont constitués des mêmes types d'atomes (principalement carbone, hydrogène, azote, oxygène, phosphore et soufre), agencés pour former les mêmes grands types de molécules.

Les acides aminés sont les briques de base des protéines, des sortes de colliers de perles repliés pour adopter des formes très variées et qui sont les bricoleuses du vivant : elles agissent sur les autres molécules pour les modifier. Les glucides, plus connus sous le nom de sucres, peuvent servir de briques de construction, de sources d'énergie ou de supports d'informations. Les acides nucléiques, c'est-à-dire l'ADN et l'ARN, peuvent stocker de l'information ou modifier directement d'autres molécules. Alors que les lipides, composés gras qui se collent les uns aux autres quand ils sont placés dans l'eau, sont à la fois des sources d'énergies (ce n'est pas pour rien que certains animaux stockent du gras) et les principaux architectes des organismes.

DU LIÈGE ET DES MOINES

Si on vous donnait un microscope, vous auriez sans doute envie de l'utiliser pour observer tout ce qui vous passe sous la main. C'est en tous cas ce qu'ont fait les inventeurs des premiers microscopes, dont le savant anglais Robert Hooke, qui publie en 1665 cette illustration d'un morceau de liège. Dans sa description, il utilise le mot «cellules» pour décrire les petites cavités qu'il découvre, mais ce n'est que bien plus tard, au XIXe siècle, qu'on commence réellement à considérer les cellules comme les briques de base du vivant.

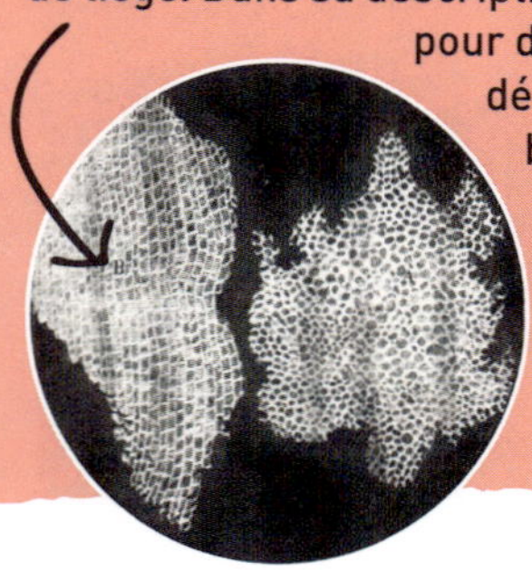

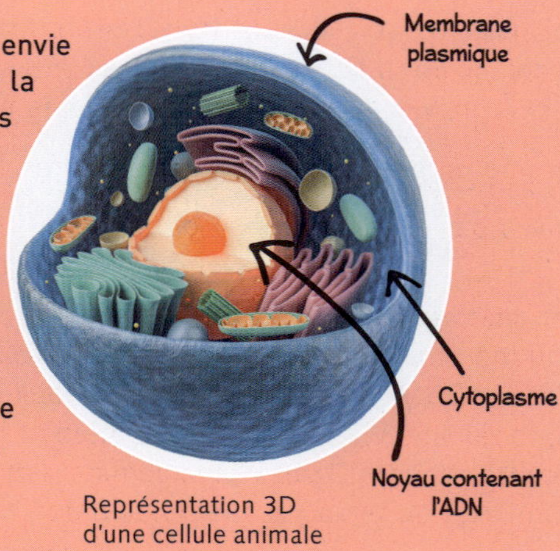

Représentation 3D d'une cellule animale

En effet, si on schématise, tous les êtres vivants sont des assemblages de petites bulles d'eau délimitées par une enveloppe de lipides : les cellules. Ces cellules peuvent mesurer de quelques dix-millièmes de millimètre à plusieurs mètres (pour certains neurones de grands animaux, notamment). Leur contenu exact varie, mais elles ont globalement toutes la même structure : une soupe liquide qu'on appelle le cytoplasme, dans laquelle flottent plein de petites choses, l'ensemble étant entouré d'une épaisseur de gras appelée membrane plasmique, qui sépare les cellules du monde extérieur. Le tout est parfois enrobé d'une couche supplémentaire de sucres et de protéines : la paroi, qui rigidifie l'ensemble. Certains organismes contiennent plusieurs cellules, parfois des millions de milliards. On les qualifie de pluricellulaires, par opposition aux unicellulaires, composés d'une seule et unique cellule, comme les bactéries.

L'ADN : la bibliothèque du vivant

À de rares exceptions près, toutes les cellules contiennent un génome composé d'ADN, qu'on peut visualiser comme une pile de minuscules briques de construction de quatre modèles différents, généralement désignés par leurs initiales : A, T, C et G. L'ordre dans lequel ces briques s'enchaînent forme une sorte de long texte écrit avec uniquement ces quatre caractères, qui constitue l'information génétique donnant à chaque être vivant ses caractéristiques. L'ensemble des informations génétiques est désigné par le terme de génome.

On peut pousser l'analogie en comparant le génome à une énorme bibliothèque ! Le « texte génomique » contient de nombreux types d'informations, la plus connue étant les gènes. Ces éléments correspondent à des romans (ou des nouvelles, selon leur longueur) : ils peuvent se lire indépendamment, mais certains ont quand même des liens entre eux. Concrètement, ils servent de notices aux cellules pour fabriquer des protéines. Mais le génome-bibliothèque contient aussi des panneaux d'affichage, qui vont déterminer quelles zones sont accessibles ou non, des consignes indiquant de lire certains livres ou, au contraire, de ne pas toucher à d'autres… ainsi que pas mal d'ouvrages, parfois poussiéreux, dont on ne comprend pas encore très bien l'utilité.

Le tout peut tenir sur une seule molécule d'ADN, que vous pouvez visualiser comme un grand meuble plein de livres. Ou être réparti sur plusieurs molécules, comme autant d'étagères qu'on pourrait déplacer indépendamment les unes des autres dans la bibliothèque, et qui correspondent à des chromosomes différents. Certains organismes ne possèdent que quelques chromosomes, voire un seul, comme les bactéries. D'autres en ont au contraire beaucoup, comme les *Oxytricha*, des organismes unicellulaires microscopiques pourvus de pas moins de 16000 chromosomes ! Si courts qu'ils ne contiennent quasiment qu'un gène chacun, mais quand même. Chez les animaux, le record est détenu par l'Azuré de l'Atlas, un papillon possédant 220 paires de chromosomes.

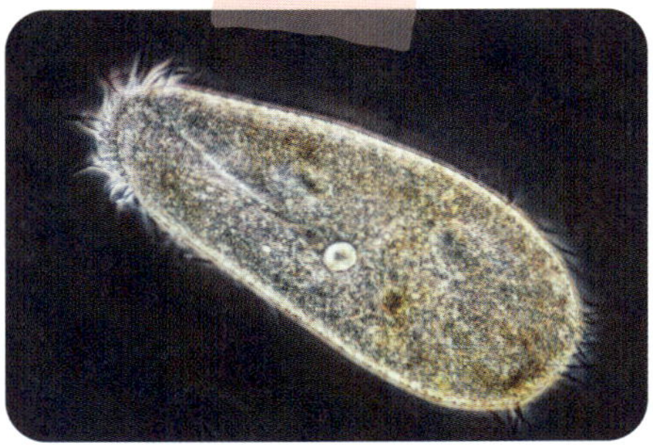

Cilié (*Oxytricha trifallax*)

Canne à sucre

Et oui, car en plus de cette variation du nombre de chromosomes constituant un génome, c'est-à-dire d'étagères dans la bibliothèque, les organismes peuvent posséder plus ou moins de copies de leur génome. Certaines cellules n'en contiennent qu'une unique version : chaque étagère n'est présente qu'en un seul exemplaire. D'autres contiennent plusieurs versions de chaque meuble-chromosome, souvent deux, parfois plus, notamment chez les plantes : le blé en a six, la canne à sucre douze ! Côté animal, les lézards à queue en fouet possèdent trois copies de leur génome.

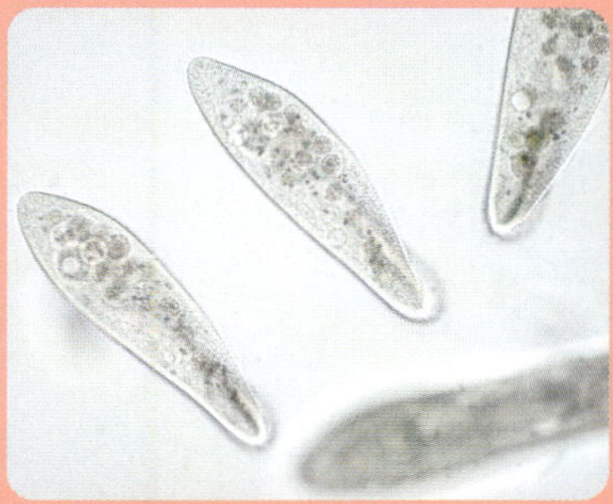

Paramécie

POINT VOCABULAIRE

Le nombre de copies du génome contenues dans une cellule porte un petit nom, qu'on vous conseille d'essayer de retenir parce qu'on va en reparler : la ploïdie. Une cellule qui ne contient qu'un exemplaire de chacun de ses chromosomes est qualifiée d'haploïde. Diploïde si elle en contient deux exemplaires, puis triploïde, tétraploïde... si elle en contient encore plus ! Chez les plantes et certains protistes, il n'est pas rare d'aller jusqu'à la dodécaploïdie : 12 exemplaires du même génome. Certains organismes unicellulaires, des paramécies, atteignent carrément le millier de copies !

Des outils bien conservés

Avoir une origine commune, ça rapproche ! Tous les êtres vivants sont composés des mêmes types de molécules, organisées dans des cellules, véritables briques de construction biologiques, qui peuvent elles-mêmes former des tissus et des organes. Tous les êtres vivants possèdent des génomes structurés à peu près de la même façon… Et tous utilisent des machineries moléculaires qui se ressemblent.

Évidemment, il y a des variations selon les espèces : plus les organismes sont éloignés, plus leurs outils sont différents. C'est aussi vrai à l'échelle moléculaire qu'à l'échelle macroscopique. Tout comme les pattes d'un chat ressemblent plus à celles d'un chien qu'elles ne ressemblent à celles d'une baleine (hé oui, les nageoires pectorales des baleines sont des pattes modifiées !), les machineries moléculaires des bactéries se ressemblent plus entre elles qu'elles ne ressemblent à celles des plantes.

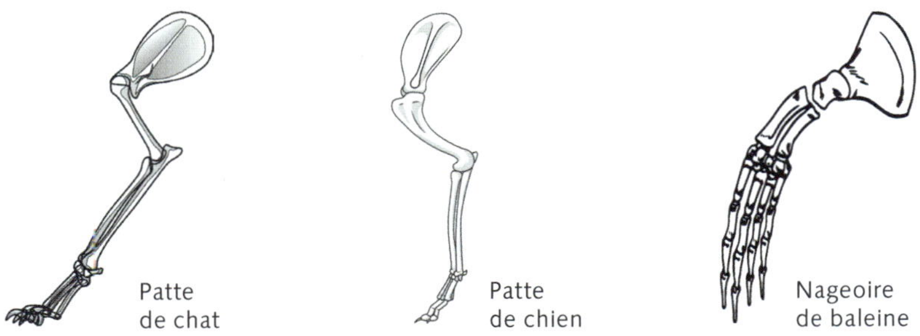

Ces trois structures anatomiques se ressemblent car elles ont une origine commune.

Ainsi, à partir des mêmes bases fondamentales, chaque organisme se débrouille à sa façon pour remplir un certain nombre de missions indispensables. Comme se reproduire, grandir, respirer, se nourrir, rejeter des déchets, se mouvoir, percevoir le monde, communiquer, se défendre contre les agressions extérieures ou encore se reposer. Ça vous donne envie d'en savoir plus ? Ça tombe bien : chaque chapitre de ce livre sera consacré à une de ces grandes fonctions du vivant… et aux différentes stratégies qui permettent de les accomplir.

3, 2, 1... Évoluez !

Malgré leurs nombreux points communs, les êtres vivants sont quand même très différents les uns des autres ! Deux ingrédients expliquent l'incroyable diversité actuelle : le temps et l'évolution. Des changements progressifs, accumulés au fil des générations, ont permis l'apparition de nombreuses variantes dans les génome-bibliothèques des organismes, qui continuent à évoluer depuis des millions d'années. Ça laisse le temps d'expérimenter !

Ce que nous voyons aujourd'hui n'est qu'un instantané, l'état actuel d'une situation sans cesse changeante. Seules sont visibles les stratégies apparues relativement récemment et celles qui sont adaptées aux contraintes de leur environnement. Ça pourrait donner l'impression que l'évolution est vraiment super balèze et que tout marche du premier coup, mais le panorama est trompeur : en réalité, énormément de tentatives ont été inefficaces et les organismes correspondants ont simplement disparu.

D'OÙ VIENNENT NOS ANCÊTRES ?

La Terre s'est formée il y a 4,6 milliards d'années et les traces de vie les plus anciennes auraient au moins 3,6 milliards d'années, mais de là à savoir comment elles sont apparues...

La théorie la plus en vogue propose que la Terre était une sorte de giga-soupe d'éléments chimiques. Pendant le premier milliard d'années de cuisson, des atomes auraient fini par s'y organiser spontanément pour former des molécules de plus en plus compliquées, finalement capables de s'auto-répliquer !

Stromatolithes, fossiles de plus de 3 millions d'années, généralementformés par des unicellulaires.

Cette hypothèse n'est pas purement théorique : des expériences réalisées dans les années 1950 ont montré que des molécules complexes sont bel et bien capables de s'auto-assembler, à des conditions de pression et de température similaires à ce que devait être la Terre il y a 4 milliards d'années !

D'autres scientifiques suggèrent que notre planète aurait été ensemencée par de la vie apparue ailleurs, par exemple via des météorites. De nombreuses molécules similaires à celles formant les êtres vivants ont effectivement été observées sur des objets célestes, mais pas de cellules à l'horizon pour l'instant. Ceci dit, si cette hypothèse était la bonne, ça ne ferait que déplacer la question : comment serait apparue cette vie extra-terrestre ?

Les mutations : fautes d'orthographes sur l'ADN

Pour que de la diversité se développe, il faut que des variations apparaissent quelque part. Et c'est au niveau des génomes que ça se passe. L'ADN peut être endommagé par tout un tas de facteurs extérieurs, comme certains rayons émis par le soleil (notamment les ultraviolets) ou des agents chimiques. Une ou plusieurs « lettres » peuvent être modifiées et il y a parfois des coupures, dont la réparation induit elle-même des changements... Des modifications plus ou moins importantes peuvent donc apparaître spontanément dans le texte.

Sans compter que la machinerie chargée de recopier l'ADN, ce qui est nécessaire à chaque fois qu'une nouvelle cellule se forme, fait des erreurs ! Environ une par milliard de lettres copiées pour la plupart des espèces, jusqu'à une toutes les mille lettres pour certains virus, moins pointilleux. Sachant que les génomes peuvent mesurer des millions voire des centaines de milliards de lettres de long, ça finit par en faire, des fautes d'orthographe !

Des problèmes peuvent aussi survenir après la copie, quand les deux lots d'ADN sont séparés dans deux cellules différentes (on aura l'occasion d'en reparler). Des bibliothèques qui se mélangent, des piles de livres qui ne sont pas rangées au bon endroit… Et hop, c'est carrément un bout de chromosome qui se duplique ou disparaît.

Tous ces changements du texte de l'ADN, qui peuvent aller d'une lettre dans un livre à une étagère de bibliothèque, sont appelés des mutations. Certaines sont plutôt ciblées (les ultraviolets modifient surtout certaines séquences spécifiques, comme deux T qui se suivent) mais, dans l'ensemble, leur apparition et leur localisation dans les génomes sont à peu près aléatoires.

C'est grave, docteur ?

Les bibliothèques génomiques ne sont pas des temples sacrés au contenu immuable : des petits plaisantins s'y baladent et passent leur temps à faire des ratures dans les livres, au point qu'il est impossible de toutes les corriger et que le texte change progressivement. Est-ce une raison de paniquer ? Disons… un peu, mais pas trop.

Un peu parce que certaines mutations peuvent poser problème. On leur doit notamment l'apparition des cancers… Mais, même s'ils se font parfois déborder, les organismes pluricellulaires ont un mécanisme de défense qui consiste à détruire les cellules dont le génome est trop abîmé. Une solution radicale pour une situation désespérée.

Et prenons un peu de recul : ce qui peut être problématique à l'échelle d'un individu est essentiel à l'échelle du vivant en général ! Sans mutation, pas de nouveauté, donc pas de changement. Ce sont ces modifications dans l'ADN et leur transmission au fil des générations qui alimentent l'évolution. Aucun des organismes actuels n'existerait sans ça.

Ça passe ou ça casse

Une mutation peut avoir différentes conséquences. Si elle diminue les chances de reproduction de l'organisme qui la porte (par exemple en conduisant à son décès…), elle ne sera pas transmise à la génération suivante et disparaîtra.

À l'inverse, si une mutation favorise la reproduction des organismes qui la possèdent, elle sera transmise à la génération suivante et deviendra de plus en plus fréquente. Il y a aussi des mutations qui n'ont pas d'impact sur la capacité des organismes à se reproduire et se transmettent donc de façon aléatoire.

Voilà un résumé simplifié du phénomène de sélection naturelle ! Mais, comme souvent en biologie, la réalité est un poil plus compliquée que ça. Déjà, pour qu'une mutation puisse se transmettre, il faut qu'elle soit apparue avant la reproduction de l'individu concerné et qu'elle se trouve dans les cellules utilisées pour former la descendance, ce qui est loin d'être évident pour les organismes pluricellulaires. Ensuite, le caractère avantageux ou non d'une mutation dépend énormément de l'environnement.

Être capable de digérer un nouveau type d'aliment, ça n'est utile que si vous avez accès à l'aliment en question. Changer de couleur peut être un gros handicap si ça vous rend visible par un prédateur… ou un avantage si ça permet de faire croire que vous êtes toxique et conduit les prédateurs à vous laisser tranquille.

Ce qui est intéressant à un endroit et un moment donnés peut devenir un fardeau si la situation change, et toutes les espèces n'ont pas la même capacité à s'adapter à de nouvelles contraintes. D'une part parce que ça demande d'avoir une combinaison efficace de mutations en stock : si la population est trop homogène, tous les individus peuvent s'avérer inadaptés… D'autre part parce qu'il ne faut pas évoluer trop lentement. S'adapter n'est pas très compliqué pour des espèces qui se reproduisent vite et avec beaucoup de variations (d'ailleurs, entre les bactéries résistantes aux antibiotiques et les variants des virus, ça ne fait pas que des heureux), mais c'est plus difficile d'être réactif quand il faut attendre des décennies entre chaque génération.

L'AMOUR NE REND PAS AVEUGLE

Bien choisir ses partenaires sexuels est primordial lors de la reproduction ! Pour convaincre, certains exhibent des atours censés témoigner de leurs qualités. Darwin citait l'exemple du paon, dont les mâles rivalisent de bling-bling pour séduire les femelles, alors que leurs longues plumes colorées les handicapent face aux prédateurs, les empêchant de s'envoler rapidement : ceux qui survivent malgré ça doivent vraiment être dignes d'intérêt ! Qu'il s'agisse de plaire aux partenaires ou d'affronter les concurrents, la sélection est aussi sexuelle.

Et pouf, ça fait des espèces

La sélection favorise le maintien ou la disparition de certaines mutations, mais le hasard s'invite aussi dans le processus ! C'est même la seule chose qui détermine le devenir des mutations qui n'apportent ni avantages ni inconvénients. Dans certaines situations, comme l'isolement géographique d'un petit groupe d'individus ou la mort d'une grande partie d'une population, beaucoup de diversité génétique est perdue de façon aléatoire, ce qui fait repartir le processus d'évolution à partir d'une nouvelle base.

Ainsi, progressivement, les êtres vivants changent. Quand les différences deviennent trop importantes, même les êtres qui ont des ancêtres communs finissent par ne plus pouvoir se reproduire entre eux. C'est ce critère qui permet généralement aux biologistes de définir la notion d'espèce : deux individus appartiennent à la même espèce s'ils peuvent se reproduire ensemble et avoir des descendants qui sont eux-mêmes capables de se reproduire.

Les ours issus d'un croisement entre un grizzli et un ours polaire (polar bear en anglais) sont parfois appelés des grolars.

Bon, en pratique, c'est une définition qui ne marche pas à tous les coups. Chez les animaux, ça ne fonctionne pas trop mal, mais il y a déjà des exceptions : les chiens et les loups font partie de la même espèce mais on imagine mal un loup se reproduire spontanément avec un chihuahua, alors qu'à l'inverse, le grizzli et l'ours blanc sont des espèces différentes qui se reproduisent parfois dans la nature, en donnant une descendance fertile. Chez les végétaux, des espèces différentes se croisent régulièrement, formant des hybrides. Et certains organismes se passent complètement de partenaires sexuels !

Il n'empêche que la perte de la capacité à se reproduire ensemble est un bon marqueur de la divergence génétique des individus ayant un même ancêtre commun, au fil de l'évolution. Et inversement : la comparaison des génomes des organismes est un super outil pour pouvoir les classer. Seulement, les techniques qui permettent d'étudier les génomes n'ont que quelques décennies alors que ça fait des millénaires qu'on essaye de trier les êtres vivants. Alors, quelles astuces les biologistes ont-ils trouvés pour essayer de se repérer dans le fouillis de la biodiversité ?

À L'ORIGINE ÉTAIT UN PINSON

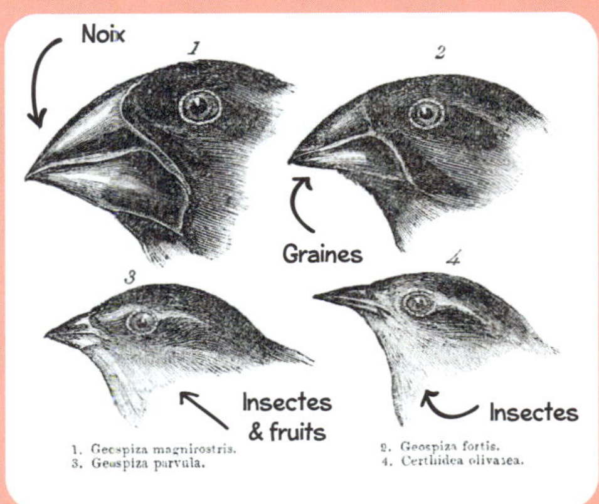

En 1831, Charles Darwin embarque pour un voyage autour du monde. Aux Galapagos, il observe des géospizes, des « pinsons » qui se ressemblent beaucoup mais dont la forme du bec change selon les îles. Alfred Russel Wallace explore quant à lui les archipels d'Asie du Sud Est. Chacun de leur côté, ils arrivent à la même conclusion : les êtres qui se ressemblent mais diffèrent d'une île à l'autre dérivent d'un ancêtre commun et se sont transformés au fil du temps. C'est le hasard qui fait varier les formes de bec, et celles qui sont adaptées à la nourriture disponible à un endroit donné (fruits, noix ou insectes) sont conservées. Les oiseaux finissent ainsi par former des espèces différentes !

Tout en haut de l'échelle

Les travaux de classification du vivant ont longtemps été influencés par les textes religieux. La création divine étant forcément parfaite, les espèces restaient inchangées depuis leur apparition sur Terre : pas de transformation qui tienne ! Et il était impossible d'envisager un phénomène aussi progressif que l'évolution alors que la Terre était censée être récente. En classant le vivant, les naturalistes tentaient surtout de définir leur place parmi tous leurs colocataires terriens. De nombreux scientifiques se sont attelés à ce travail gigantesque, comme Aristote, Buffon, Bonnet, Lamarck, Darwin, Haeckel, Hennig et tant d'autres… Impossible de tous les citer ici, d'autant qu'ils se sont inspirés les uns des autres et que les idées ont fait pas mal de détours avant de se stabiliser. Parcourons juste rapidement l'histoire des classifications du vivant.

Parmi les pionniers, on trouve Aristote et Théophraste, des philosophes et naturalistes grecs du IVe siècle avant notre ère. Le premier s'est surtout intéressé aux animaux, le second aux végétaux, qu'ils ont classés en plusieurs catégories en se basant sur différentes caractéristiques : présence ou non de sang, mode de reproduction, milieu de vie, forme des feuilles, organisation des racines… Bref, un mélange de particularités qui n'ont rien à voir entre elles : c'est le bazar.

Mais un bazar assez bien fait pour que la classification d'Aristote serve de référence jusqu'au XVIIIe siècle ! Elle est construite autour de l'idée qu'il existe une « échelle de la nature », permettant de classer les animaux (mais aussi les êtres inanimés comme les roches ou les astres) selon leur degré de perfection. Le sommet étant bien évidemment occupé par un certain *Homo sapiens* ! Modeste !

L'érudit Al-Djâhiz, qui vivait à la cour de Bagdad au IXe siècle, a quant à lui utilisé le mode de locomotion des organismes pour les distinguer. À la Renaissance (XV-XVIe siècles), on tente des classifications alphabétiques ou utilitaires, pour organiser les plantes médicinales selon leurs fonctions, par exemple. L'air de rien, c'est toujours autour de l'humain que s'organisent ces manières de ranger le vivant. Mais est-ce le plus pertinent ?

DEUX MOTS QUI EN DISENT BEAUCOUP

On attribue au suédois Carl von Linné la démocratisation d'un système bien pratique, que l'on utilise toujours aujourd'hui : la nomenclature binomiale. En réalité, c'est le britannique John Ray, que Linné cite souvent, qui aurait proposé l'idée en premier. Toujours est-il qu'aujourd'hui encore, on utilise une combinaison de deux mots pour identifier un être vivant : le premier désigne le genre (une boîte dans laquelle on met les cousins proches, en gros) et le second, l'espèce. Ça permet d'assigner à chaque organisme une appellation unique, utilisée par tous les scientifiques.

Esquisser des branches

Il faudra attendre le XIXe siècle pour que la reconnaissance de la théorie de l'évolution chamboule la façon de classer les êtres vivants : puisqu'ils sont tous cousins, on peut les organiser en se basant sur leurs liens de parenté ! Le système moral qui attribuait une valeur aux organismes selon des critères exclusivement humains disparaît peu à peu : tout le monde ayant la même origine, il ne s'agit plus de dire qui est « le plus évolué » (ce qui n'a aucun sens) mais de retracer l'histoire évolutive de chacun, un peu comme si on voyageait dans le temps pour reconstruire un arbre généalogique.

Heureusement, ça n'implique pas de repartir de zéro : en général, plus on est proche parent, plus on se ressemble. Les anciennes classifications tombent souvent juste, mais pas à chaque fois ! Le groupe des « poissons » contient par exemple des animaux assez éloignés du point de vue de l'évolution. Les saumons, au squelette osseux, sont plus proches des humains que des requins, dont le squelette est constitué de cartilage. À présent, la difficulté est de faire la distinction entre les ressemblances qui témoignent d'une évolution commune et celles qui sont le fruit du hasard, et c'est plus facile à dire qu'à faire ! Pour ça, on recherche les caractéristiques qui correspondent à des innovations évolutives : apparues à un moment donné chez un individu, elles sont partagées par tous ses descendants. Rassembler les organismes qui les possèdent permet de dessiner les branches de l'arbre du vivant.

Par exemple, tous les oiseaux pondent des œufs et ont des plumes, ce qui n'était pas le cas des premières formes de vie. On les regroupe donc ensemble. À l'inverse, les animaux dépourvus de plumes forment un gloubi boulga hétéroclite. Méduse, écureuil et mante religieuse ont d'autres points communs (être des animaux, notamment) qui font qu'ils se trouvent dans la même zone de l'arbre du vivant. Mais, s'ils partent de la même grosse branche, en y regardant de plus près, ils se trouvent au bout de bifurcations différentes.

MÊMES CONTRAINTES, MÊMES SOLUTIONS

Malgré le côté « aléatoire » de l'évolution, on constate que parfois, des organismes qui n'ont rien à voir et qui n'ont pas d'ancêtre commun direct développent des solutions proches face à un même problème. Les papillons sphinx, des insectes, et les colibris, des oiseaux, utilisent le même système de vol stationnaire pour collecter du nectar. Et chez les plantes, cactus comme euphorbes sont gonflés d'eau et bardés d'épines pour résister à la sécheresse et aux herbivores indésirables ! On appelle ça la convergence évolutive.

En plus de leur vol stationnaire, les colibris et les moro-sphinx ont tous deux développé de longues structures permettant d'aller récupérer le nectar des fleurs !

Structurer l'arbre du vivant

Plusieurs sources d'informations peuvent servir à débusquer les innovations évolutives et à regrouper les êtres vivants sur des branches communes. L'étude des organes internes et externes (la morphologie et l'anatomie), utilisée depuis Aristote, a été rejointe par celles des embryons (l'embryologie) et des fossiles (la paléontologie), ces derniers fournissant des données sur des espèces aujourd'hui disparues, mais qui nous aident à dresser le portrait de nos lointains ancêtres ! La microscopie a également ouvert de nouvelles possibilités : zoomer facilite notamment l'étude des micro-organismes, dont les différences morphologiques sont progressivement devenues perceptibles.

C'est ainsi qu'a été découverte la première des grandes distinctions qui structurent l'arbre du vivant ! En plongeant à l'intérieur des cellules, on constate que, dans certaines, la bibliothèque génétique flotte au milieu du reste, alors que d'autres contiennent une pièce dédiée, le noyau, dans laquelle est rangé leur génome-bibliothèque. Les organismes qui possèdent des noyaux ont été baptisés eucaryotes (du grec signifiant « vrai noyau », histoire que ce soit bien clair) et peuvent être constitués d'une ou plusieurs cellules. Les organismes sans noyau, les procaryotes, sont quant à eux unicellulaires. La distinction eucaryote/procaryote est une des plus fondamentales du monde vivant, mais elle a été découverte assez tardivement : des animaux aux végétaux en passant par les champignons, l'intégralité des organismes qui avaient été classés pendant des siècles sont dans la grande boîte des eucaryotes !

Hibou grand-duc

Girolles

Goémon blanc

Schefflera

Les progrès techniques font qu'il est aujourd'hui possible d'analyser directement les molécules des organismes. Comparer les composants moléculaires d'une membrane ou d'une paroi fournit des informations précieuses pour savoir comment classer les espèces. Mais ce qui a permis le plus de découvertes, c'est la possibilité de séquencer l'ADN ! C'est-à-dire de lire mais aussi de comparer les textes des génomes. Ce nouveau type de données conduit régulièrement à réorganiser des branches de l'arbre du vivant et, dans les années 70, il a carrément permis d'identifier une nouvelle bifurcation sur le tronc principal.

Parmi les machineries conservées chez tous les organismes (sauf les virus, toujours là pour faire les intéressants), il y a celle qui permet l'expression des gènes. Elle implique un certain nombre d'intermédiaires, dont les instructions de fabrication sont elles-mêmes stockées dans les génomes. En comparant les variations d'une de ces notices chez de nombreux êtres vivants, on s'est aperçus qu'il existe en fait deux types d'organismes très différents parmi les procaryotes : les bactéries et les archées.

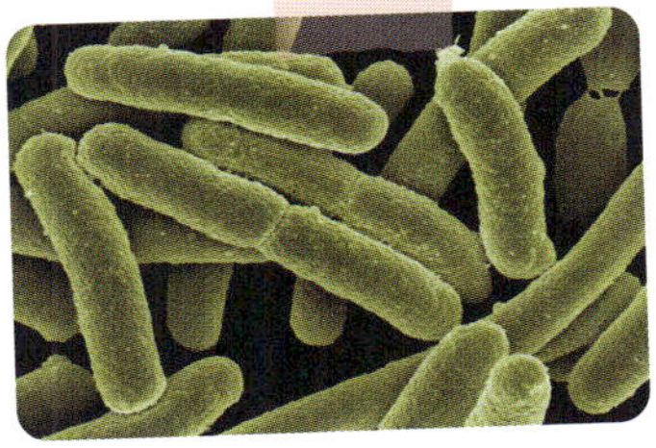

Bactéries *Escherichia coli*

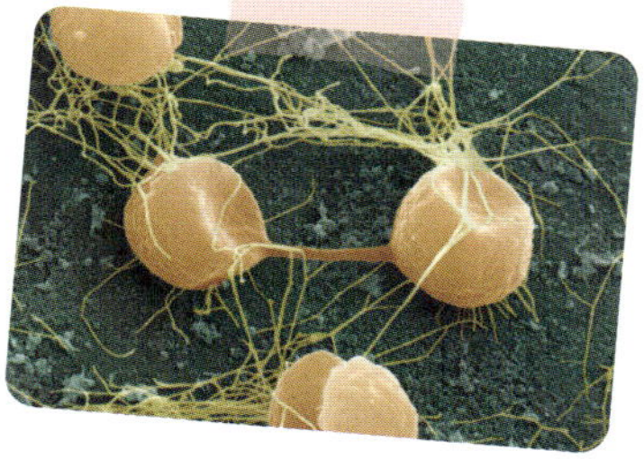

Archées *Pyrococcus furiosus*

Vraies observations faites au microscope électronique, avec de fausses couleurs.

Trois règnes pour les organiser tous ?

Bien que toutes unicellulaires et procaryotes, les archées et les bactéries sont très différentes : leurs membranes et leurs parois ne sont pas formées par les mêmes molécules et leurs génomes ne sont pas organisés de la même façon. En fait, pas mal des machineries des archées ressemblent plus à leurs équivalents chez les eucaryotes qu'à leurs équivalents chez les bactéries… Et on aura l'occasion de reparler de ces organismes étonnants !

Aujourd'hui, on considère donc que l'arbre du vivant possède trois règnes, c'est-à-dire trois grosses branches principales sur lesquelles se répartissent tous les organismes : celle des eucaryotes, celle des archées et celle des bactéries. Elles s'épanouissent toutes à partir du même tronc, qui symbolise les ancêtres communs ayant vécu avant la séparation des branches. Le dernier d'entre eux, juste avant la première bifurcation, a été baptisé LUCA, pour « *Last Universal Common Ancestor* » ou « Dernier Ancêtre Commun Universel ».

Trois grands tiroirs, pleins de tiroirs plus petits formant des familles, des genres, et finalement de petites étiquettes pour identifier les espèces, des arborescences de branches pour représenter les liens de parenté entre tout ce beau monde et hop, on pourrait croire que l'affaire est réglée et le vivant bien rangé. Raté ! D'une part parce que, comme on l'a déjà évoqué, la notion d'espèce est floue et peu adaptée à certains organismes. Pour les virus et les bactéries, par exemple, on détermine les espèces selon la proximité des génomes et des capacités, ce qui est forcément arbitraire. D'autre part parce qu'il reste un certain nombre d'organismes qu'on ne sait pas trop comment classer, et pas juste au bout des petites branches. C'est toute la zone des eucaryotes qui ne cesse de bouger !

Les « champignons » sont par exemple à l'origine de pas mal de débats. Au sens large, ce terme désigne des espèces qui ne se trouvent pas dans les mêmes branches, et qui ne partagent donc pas d'ancêtre commun. Les spécialistes proposent donc de restreindre l'appellation « champignons » aux espèces regroupées sur la même branche et de changer de vocabulaire pour le reste, mais même dans cette vision plus rigoureuse, le dessin des branches est un peu flou… Et les organismes qui perdent l'étiquette « champignons » rejoignent tout un tas d'espèces eucaryotes éparpillées dans la classification et qui sont pour l'instant rangées dans le gros sac fourre-tout des « protistes », qui rassemble tous les eucaryotes qui ne sont ni des animaux, ni des plantes, ni des champignons. Autant dire que ça ratisse large : on y retrouve aussi bien les algues (qui sont elles-mêmes réparties sur plusieurs branches différentes) que les paramécies ou les parasites responsables du paludisme. Clairement, il reste du rangement à faire…

30 MILLIONS D'AMIS ?

Finalement, combien d'espèces trouve-t-on sur Terre ? Bonne question : on ne sait pas vraiment. Les estimations vont de 5,3 millions à 1 milliard d'espèces, avec d'énormes variations selon les types d'organismes (les virus, à eux seuls, pourraient représenter des milliards d'espèces)… Chaque année, on décrit 14 000 nouvelles espèces, toutes catégories confondues. Et ce beau monde continue à évoluer ! L'art de la classification a encore de beaux jours devant lui !

Apparue il y a environ 3,6 milliards d'années, portée par le hasard des mutations et les changements de son environnement, la vie a eu beaucoup de temps pour évoluer, en suivant un parcours très chaotique. Si certains organes et organismes actuels ont l'air « trop bien faits » pour être apparus aléatoirement, c'est parce qu'énormément de tentatives ont pu être réalisées en plusieurs milliards d'années et que tout ce qui ne fonctionnait pas assez bien a disparu. Classer le vivant aujourd'hui, c'est comme faire un puzzle sans modèle et sans savoir combien de pièces ont été perdues en cours de route.

Même si on n'a pas tous les détails du motif, on peut apprécier la multitude d'organismes fascinants qui luttent pour leur survie sur les branches de l'arbre du vivant. Qui est le mieux armé pour affronter son environnement ? C'est ce que nous allons voir au fil des chapitres de ce livre.

La battle du vivant est déclarée ouverte !

ARCHÉES
BACTÉRIES
PROCARYOTES
EUCARYOTES
LUCA
GÉNOMES
ARISTOTE
THÉOPHRASTE
AL-DJAHIZ
DARWIN
LINNÉ
VIRUS?
C S C N O N O P S H O H

Comment on fait les bébés ?

Peut-on bouturer un chat ?

Couper un petit morceau de moustache et faire pousser un nouvel animal, ce serait pratique ! Mais ça ne fonctionne pas avec tous les organismes… Pourtant, en matière de reproduction, le vivant ne manque pas de créativité ! Quelle est la façon la plus originale de faire des bébés ?

La battle de la reproduction est déclarée ouverte !

Le B.A.-ba des bébés

Si un sujet intéresse tout le monde, c'est bien la reproduction ! Du point de vue du vivant, cela correspond à la formation d'un nouvel individu d'une espèce donnée. Chez l'humain, ça implique que deux personnes de sexes différents se livrent à des activités (idéalement agréables) permettant la rencontre de deux cellules particulières : un spermatozoïde et un ovocyte. Il s'agit de gamètes, des cellules sexuelles qui servent exclusivement à la reproduction. Leur fusion donne une cellule-oeuf, qui se développe dans le ventre de sa mère pendant environ 9 mois avant d'être libérée dans le vaste monde sous la forme d'un bébé.

Mais ce mode de fonctionnement est loin d'être le seul, ou même le plus répandu ! Commençons par la base : pourquoi les êtres vivants se donnent-ils la peine de se reproduire ?

À quoi bon se reproduire ?

On pourrait penser qu'ils font ça « pour le plaisir »... Mais on a un scoop : plaisir sexuel et reproduction ne vont pas nécessairement de pair ! Une découverte également faite par pas mal d'animaux : certains pratiquent la masturbation en solitaire, d'autres ont des comportements homosexuels (ce qui est peu efficace, pour se reproduire), d'autres utilisent le sexe pour gérer des tensions ou des conflits… Bref, s'il y a un lien entre plaisir sexuel et reproduction, l'un peut aller sans l'autre (et l'autre sans l'un).

Perruche calopsitte
(*Nymphicus hollandicus*)

PLAISIR SOLITAIRE

De nombreux animaux pratiquent la masturbation ! Singes, éléphants, kangourous, porcs-épics, dauphins et même certains oiseaux comme les perruches calopsittes. Sans parler des femelles macaques à face rouge qui se frottent de façon particulièrement explicite sur le dos de cerfs (Sont-ils seulement consentants ?).

En réalité, se reproduire permet surtout de transmettre ses gènes à sa descendance, et de faire ainsi perdurer les compétences extraordinaires qui font de nou des êtres à part. Ou, de façon plus générale et moins égocentrique, de renouvele la population. Après tout, même si ça prend plus ou moins longtemps, les orga nismes finissent par mourir... Le maintien d'une espèce passe donc forcément par l'apparition de nouveaux individus. Mais il y a de nombreuses stratégies pour arriver à ce résultat !

Certaines espèces utilisent le sexe, d'autres s'en passent et d'autres peuvent alterner entre ces deux approches, voire les pratiquer simultanément. Chaque méthode a ses avantages et ses inconvénients, qui dépendent du contexte. En tout cas, celles qu'on observe ont forcément un point commun : si elles ont réussi à se maintenir, c'est qu'elles fonctionnent !

En toute modestie !

Le sexe, c'est surfait

Intéressons-nous d'abord à la plus ancienne stratégie permettant de perpétuer une espèce : la reproduction asexuée. Oui, sans sexe. Quelle déception ! Elle permet à un individu, seul, de donner naissance à des descendants sans forcément passer par un accouplement ou l'utilisation de gamètes. Pour ça, la solution la plus simple est de faire des copies du parent à l'identique. C'est la principale méthode de reproduction des organismes unicellulaires, pour qui c'est relativement simple à mettre en place : on recopie le génome, on génère tous les éléments qu'il faut pour créer deux cellules fonctionnelles, on répartit ça correctement dans l'espace, on construit une cloison et hop ! Voilà deux nouvelles cellules, identiques mais indépendantes et autonomes.

Ce phénomène est une division cellulaire, qui permet en fait de multiplier le nombre de cellules (ne cherchez pas, les biologistes sont fâchés avec les maths). Elle donne deux cellules identiques entre elles et identiques à la cellule d'origine. Chez les organismes possédant un noyau (les eucaryotes, donc), on parle alors de mitose.

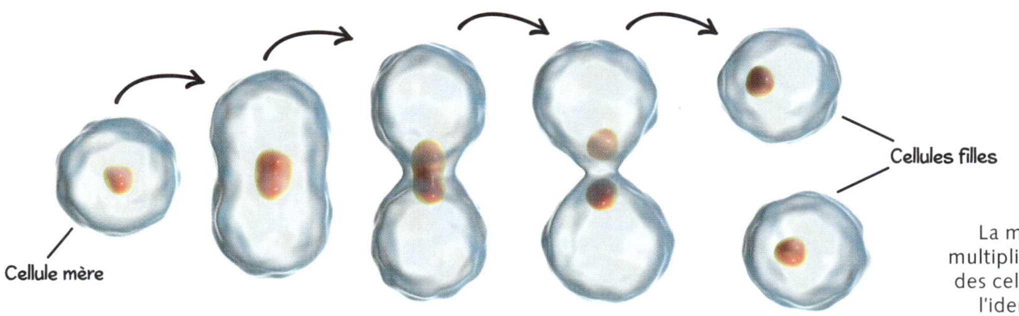

La mitose : multiplication des cellules à l'identique

C'est comme ça que se multiplient les bactéries et les archées, avec quelques variantes. La division peut donner deux cellules de même taille ou être asymétrique, une petite cellule bourgeonnant progressivement à partir de la cellule initiale. Parfois, les cellules restent collées ensemble après la division pour former des filaments. Il peut aussi y avoir plusieurs phases de copie du matériel

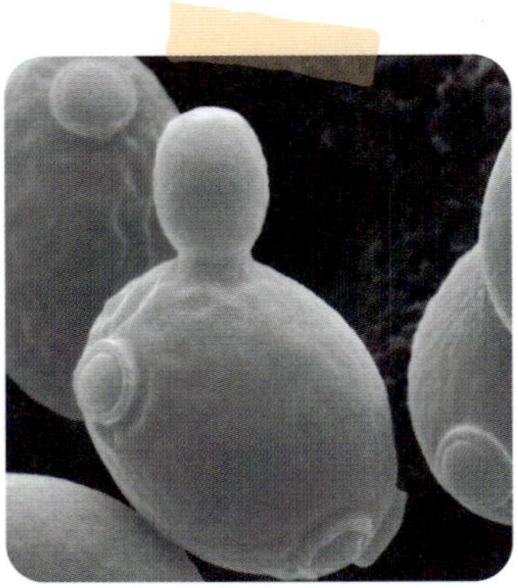

Bourgeonnement d'une nouvelle cellule de *Saccharomyces cerevisiae*, la levure de boulanger

génétique avant une division générale, qui permet de former plein de cellules-filles d'un coup. Et dans certains cas, la ou les nouvelles cellules ne sont pas tout à fait identiques à l'ancienne et deviennent des spores : une forme à la vie ralentie, mais plus résistante. Hé oui, les micro-organismes sont plus créatifs qu'il n'y paraît !

Autonomie et innovation

Se reproduire tout seul présente certains avantages : pas besoin de se fatiguer à chercher un partenaire et à le convaincre de s'accoupler. Et comme la progéniture est immédiatement autonome, on peut consacrer toute son énergie à la production d'un maximum de rejetons pour coloniser le milieu rapidement et conquérir le monde !

De fait, même si on la néglige un peu parce que ses adeptes sont en grande partie invisibles à l'œil nu, la reproduction asexuée est une stratégie qui fonctionne bien. C'est la plus utilisée sur notre planète ! Elle a pourtant un gros inconvénient : se copier à l'identique ne permet pas de générer de la diversité génétique. Et quand tout le monde se ressemble, une menace (comme une épidémie, au hasard) a vite fait d'éradiquer une population entière. Heureusement, les procaryotes ont plus d'un tour dans leur sac : bactéries et archées ont trois façons spécifiques de mélanger leurs gènes pour créer de la diversité.

Pour commencer, elles sont capables de récupérer de l'ADN qui traîne directement dans leur milieu et de l'intégrer dans leur propre génome. Elles peuvent aussi s'échanger des morceaux d'ADN circulaires qu'on appelle des plasmides, en formant un pont qui relie temporairement l'intérieur de deux cellules différentes. C'est notamment comme ça que se propagent les gènes de résistance aux antibiotiques. Enfin, elles peuvent compter sur l'aide de virus pour trimballer, au gré de leurs infections, des morceaux d'ADN de cellule en cellule.

Ces trois mécanismes permettent des transferts de gènes entre individus de la même génération et on parle donc de transferts horizontaux (par opposition aux transferts verticaux, des parents vers les descendants). On en trouve des traces partout, au point qu'on considère qu'il s'agit d'un moteur essentiel de l'évolution du vivant. À cela s'ajoutent les mutations évoquées dans le chapitre précédent (voir pp. 16-17). Qu'elles soient provoquées par des facteurs externes ou dues à des erreurs pendant la copie du génome, c'est encore une façon de créer de la diversité génétique.

On peut aussi considérer que la plupart des virus, qui piratent des cellules et les forcent à devenir des usines à nouveaux virus, ont une forme de reproduction asexuée. Cette façon de faire est donc loin d'être l'apanage exclusif des bactéries et des archées. Même les organismes pluricellulaires (plantes, animaux mais aussi certains protistes et champignons…) peuvent potentiellement se passer de sexe, mais ce n'est pas leur stratégie principale.

ENCORE UN ORIGINAL !

Cet animal microscopique, le rotifère bdelloïde, est une vraie curiosité : il ne présente pas la moindre trace de reproduction sexuée ! Ça fait 60 millions d'années qu'il se débrouille sans sexe et on commence tout juste à comprendre d'où il tire sa diversité génétique. Entre récupération d'ADN étranger et mélanges dans son propre génome, il n'a pas fini d'intéresser les chercheurs !

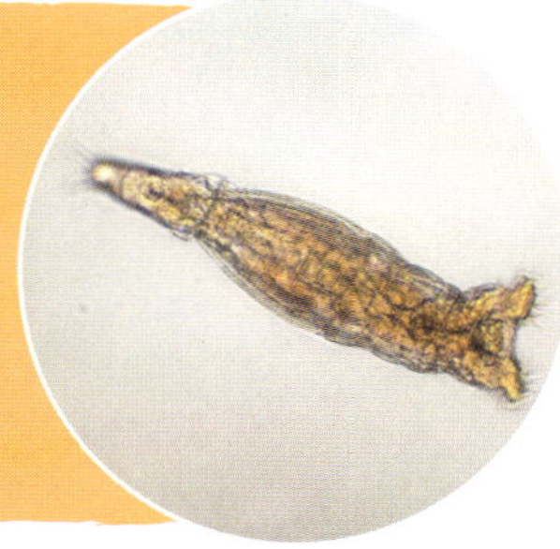

50 nuances de reproduction sexuée

La reproduction asexuée a l'avantage d'être efficace et de demander peu d'efforts, mais nécessite de ruser pour éviter de se retrouver avec une population de clones tous vulnérables aux mêmes choses. La grande force de la reproduction sexuée c'est la DI-VER-SI-TÉ. En effet, elle permet de produire un nouvel organisme qui est le fruit du mélange du matériel génétique de ses deux parents.

La clé de tout ça, ce sont les gamètes, des cellules sexuelles qui ne contiennent qu'une copie du matériel génétique de l'individu. On les qualifie d'haploïdes (voir p. 14), par opposition aux cellules diploïdes, qui contiennent deux copies du matériel génétique. La reproduction sexuée repose sur deux grandes étapes : la production des gamètes et la rencontre de deux gamètes capables de fusionner ensemble. C'est cette fusion que les biologistes appellent la fécondation. Elle aboutit à la formation d'une cellule diploïde dont le génome est une combinaison de ceux contenus par les gamètes.

Cet enchaînement « formation » puis « fusion » de gamètes est observé aussi bien chez les champignons que les plantes et les animaux, mais le cycle de vie varie selon les organismes, notamment sur le temps que passe chacun d'entre eux sous forme haploïde ou diploïde. La majorité des animaux et des plantes à fleurs sont principalement diploïdes, et seuls les gamètes deviennent haploïdes, pour fusionner peu de temps après. À l'inverse, les champignons et les plantes les plus anciennes (comme les mousses et certaines fougères) peuvent avoir des formes majoritairement haploïdes. Dans ce cas, la fécondation est immédiatement

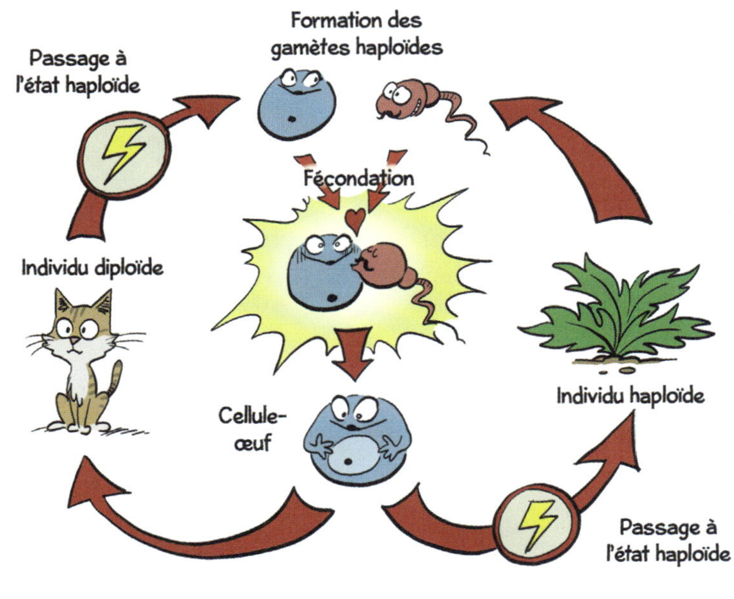

Cycles de vie de deux organismes à reproduction sexuée

suivie par un retour à l'état haploïde, et les gamètes formés deviennent de nouveaux individus haploïdes par mitose.

Les gamètes sont quant à eux formés par un autre type de division cellulaire : la méiose. Toutes les cellules n'en sont pas capables, ne serait-ce que parce qu'il faut déjà posséder des paires de chromosomes au départ. Ici aussi, on commence par recopier le génome. Mais au lieu de séparer la cellule d'origine en deux, on pousse un cran plus loin en la séparant en quatre gamètes, qui ne contiennent chacun que la moitié du matériel génétique du tout début, c'est-à-dire un chromosome de chaque paire.

Cette séparation des paires de chromosomes est une première source de diversité ! Pour un organisme qui possède 23 paires de chromosomes (comme les humains, au hasard), la répartition aléatoire des chromosomes de chaque paire pendant la méiose suffit à générer plus de 8 millions de combinaisons possibles ! En plus de ça, au sein de chaque paire, les chromosomes peuvent profiter de la méiose pour s'échanger des petits morceaux, histoire de créer de nouvelles combinaisons au sein même d'un chromosome. Pas étonnant que les individus soient si différents les uns des autres, même s'ils sont frères et sœurs !

Au-delà du hasard dans la formation des gamètes, de l'aléatoire s'invite aussi dans la combinaison des deux gamètes qui fusionnent pour donner un nouvel individu. Tout ça crée énormément de diversité et limite les risques d'hériter de tous les mauvais côtés des parents, comme une sensibilité à une maladie, par exemple.

ÉCHANGISME CHEZ LES VIRUS

Certains virus utilisent des mécanismes qui rappellent ceux de la méiose pour créer de la diversité génétique. Les virus influenza, responsables des grippes, possèdent un génome réparti sur huit fragments de matériel génétique, dont les versions peuvent se mélanger quand deux virus de grippe différents infectent une même cellule. C'est entre autres pour ça qu'il y a régulièrement de nouvelles souches de grippe.

Et le sexe, dans tout ça ?

Réjouissez-vous, on va enfin parler de sexe ! Car mélanger des gamètes, c'est bien. Mais s'assurer qu'ils soient différents, c'est mieux. Et c'est à ça que servent les « types sexuels » : à ne rendre possible la fusion que de gamètes issus d'individus vraiment différents. De nombreux organismes ont deux types sexuels : mâle et femelle, mais cela peut aller beaucoup plus loin. Et si les variations entre les sexes sont mineures à l'échelle des micro-organismes, ça devient parfois très voyant chez les pluricellulaires. Différences de tailles et de formes des gamètes, des organes sexuels voire du corps entier, là encore, les variations sont nombreuses !

Mais comment est déterminé le sexe d'un individu ? Cela peut venir d'un gène, d'un chromosome entier (comme chez la plupart des mammifères, humains compris, dont les femelles ont deux chromosomes X et les mâles un chromosome X et un chromosome Y), de plusieurs paires de chromosomes, du nombre de copies du génome, de la température d'incubation des petits (pour les oeufs de tortues, par exemple), voire même de l'âge. Certains animaux, comme les célèbres poissons-clown du « Monde de Némo », qui naissent tous mâles, deviennent femelles en vieillissant !

Couple de lucanes (*Lucanus cervus*) : le mâle en haut, la femelle en bas

LES CHAMPI(GN)ONS DU SEXE

Les champions du nombre de sexes, ce sont les champignons ! L'espèce *Schizophyllum commune* détient un beau record de plus de 23 000 sexes différents. « Un papa, une maman », ça les ferait bien rire. Du coup, pas besoin de chercher bien loin pour trouver un partenaire : à peu près tous les individus qui se croisent sont de sexes différents, donc peuvent se reproduire ensemble.

Ceci dit, choisir, c'est renoncer… et ça ne plaît pas à tout le monde. Certaines espèces développent à la fois des organes sexuels mâles et femelles : les hermaphrodites. C'est le cas de l'escargot et du lombric (chaque individu féconde les ovocytes de l'autre avec son sperme), mais aussi de la plupart des plantes à fleurs (le bouton d'or, la rose, le coquelicot…). Chez d'autres plantes, comme le kiwi ou l'ortie, les sexes sont séparés sur des individus différents.

Fleur de coquelicot (*Papaver rhoeas*)

Opération séduction

Voilà pour la théorie, mais en pratique, la rencontre des gamètes peut impliquer tout un tas de stratégies et d'équipements différents ! Cela peut se passer dans le milieu extérieur ou de façon interne, avec dépôt d'un type de gamètes, généralement mâles, directement au contact de l'autre **dans** le corps de la femelle.

La fécondation externe, c'est courant chez les animaux marins (vous l'avez ?). De nombreux poissons, méduses ou coquillages procèdent ainsi. Cela évite un accouplement dangereux avec un partenaire qui voudrait vous dévorer (la triste vie des mâles mantes religieuses), des parades épuisantes et des combats potentiels avec des concurrents. Mais pour réussir, il faut produire plus de gamètes, car les chances de fécondation sont beaucoup plus minces quand on les relâche

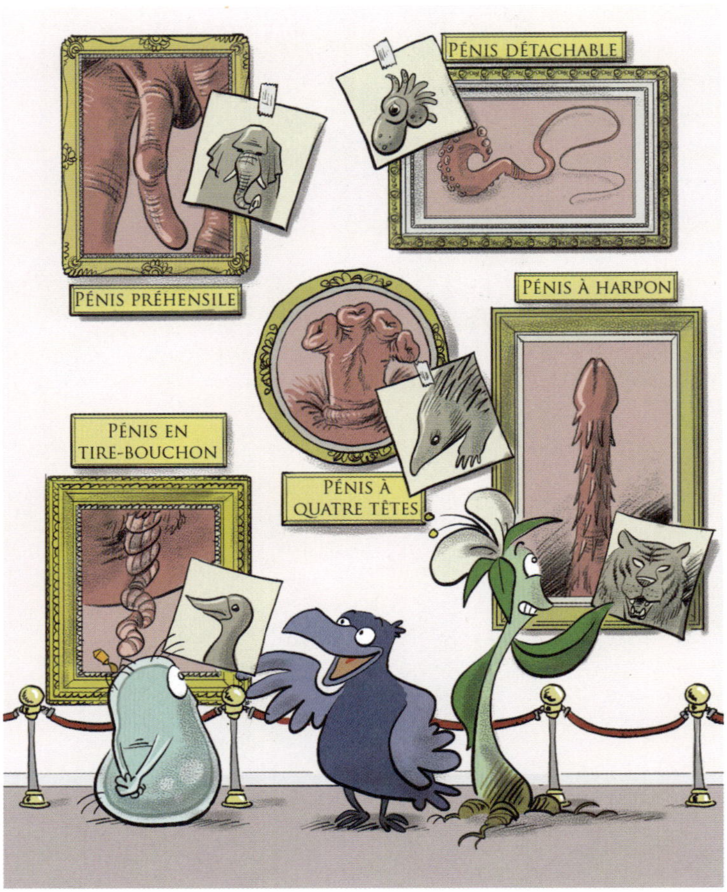

dans un milieu vaste et semé d'embûches. Une huître creuse femelle peut ainsi relâcher jusqu'à 100 millions d'ovocytes non fécondés ! Oui, parfois c'est la quantité qui compte... Les mousses et les fougères font aussi de la fécondation externe, ce qui serait un vestige de l'origine aquatique des plantes.

Les organismes à fécondation interne ont en quelque sorte appris à viser, évitant d'épuiser leurs ressources pour produire des gamètes. Certains partenaires sont plutôt collants (la baudroie mâle peut mordre et s'arrimer à la femelle jusqu'à fusionner avec elle) mais la plupart se contentent d'un rapprochement temporaire via des organes spécialisés. Beaucoup de mâles sont équipés d'un pénis qui, introduit dans les voies reproductrices de la femelle, rapproche les deux types de gamètes. C'est un sujet qui déchaîne les passions, il existe des pénis de toutes tailles et de toutes formes qui méritaient bien qu'on leur dédie un musée en Islande !

Spermatophore d'une sauterelle

La majorité des oiseaux, entre autres, n'ont pas de pénis : l'accouplement donne lieu à un baiser cloacal (si glamour !) au cours duquel mâle et femelle collent leurs deux cloaques ensemble. Les gamètes mâles passent alors par cet orifice unique, qui sert à la fois à l'évacuation des déchets, à la ponte et à la reproduction. D'autres mâles, comme chez les langoustes, les sauterelles, les araignées mais aussi les salamandres et les tritons, offrent leur sperme à la femelle sous la forme d'un spermatophore, une capsule compacte pouvant aussi contenir de la nourriture pour éviter que madame ne boulotte son prétendant. Si elle l'accepte, la femelle place elle-même le spermatophore dans son système reproducteur pour assurer la fécondation.

Une fois la fécondation réussie, trois stratégies de développement des embryons sont possibles. Certains animaux utilisent des structures séparées du monde extérieur, garantissant protection et réserves nutritives aux petits : les œufs. Il y a beaucoup d'espèces ovipares (insectes, oiseaux, nombreux reptiles et amphibiens, échidnés et ornithorynques), qui pondent leurs œufs après la fécondation… Alors que les ovovivipares gardent les œufs à l'intérieur de leur corps jusqu'à éclosion : on peut croire que les petits sortent directement du corps de leur parent. C'est ce que font les orvets, certains hippocampes, blattes et requins. Enfin, les petits des espèces vivipares, qui incluent quasiment tous les mammifères, se développent directement à l'intérieur du corps de leur mère, qui leur fournit le gîte et le couvert.

Le sexe à distance

Contrairement aux animaux, les plantes doivent réaliser leur cycle de vie sans pouvoir se déplacer. Elles sont pourtant expertes dans l'art de la reproduction sexuée ! Les plantes à fleurs, notamment, produisent à la fois du pollen, libéré par les étamines et contenant les gamètes mâles, et des ovules, gamètes femelles, à l'abri dans l'ovaire. Celui-ci est surmonté d'un pistil, à l'extrémité collante, sur lequel se dépose le pollen.

À défaut de pouvoir assurer elles-mêmes le transport, les plantes profitent d'entremetteurs pour leur pollinisation. Insectes, chauves-souris, lézards : tous les pactes sont permis. Dans certains cas, ces « services » sont récompensés en nature : nectar, réserves de nourriture, hébergement gratuit… Dans d'autres, le pollinisateur est attiré par une odieuse séduction à grands coups de parfums ou de couleurs chatoyantes et attractives.

Une fois le pollen bien réceptionné, un tube se développe dans l'ovaire pour guider les gamètes mâles vers l'ovule. De cette union naîtra la graine, qui sera plus tard disséminée grâce à une autre gamme de stratégies, faisant parfois appel à d'autres animaux. Bref, si les plantes à fleurs sont si belles et parfumées, ce n'est pas pour que vous en fassiez des bouquets mais pour attirer des transporteurs sexuels ! Vous y réfléchirez à deux fois avant la prochaine fête des mères…

T'AS DE BEAUX PÉTALES, TU SAIS ?

Certaines plantes vont jusqu'à mimer le partenaire sexuel d'insectes ! C'est le cas de la fleur de l'Ophrys abeille, dont les pétales inférieurs sécrètent une hormone proche de celles d'une abeille femelle, ou de l'orchidée marteau, dont l'aspect et la texture imitent à la perfection la femelle d'une espèce de guêpe australienne. Le mâle excité tente d'emporter la fausse femelle dans les airs, mais il se retrouve couvert de pollen, qu'il transporte ensuite jusqu'à la prochaine fleur.

En haut : Ophrys abeille (*Ophrys apifera*)
En bas : Orchidée marteau (*Drakaea glyptodon*)

Asexuée, sexuée... ou les deux !

Chaque mode de reproduction a ses avantages et ses inconvénients… Et beaucoup d'organismes peuvent passer de l'un à l'autre selon la situation. Notamment les champignons, qui ne sont pas juste les champions du nombre de sexes ! Certains se reproduisent plutôt de façon asexuée, d'autres plutôt de façon sexuée et ils sont nombreux à être capables d'utiliser les deux modes de reproduction. Et, au passage : la plupart du temps, les champignons ne ressemblent pas à un chapeau posé sur un petit pied mais plutôt à un réseau filamenteux très fin. Ce qu'on désigne habituellement sous le nom de « champignon », ce sont les structures produites par certaines espèces… pour leur reproduction ! Vous regarderez votre prochaine omelette aux champignons autrement : c'est un mélange de structures reproductrices de champignons et de poules. Bon appétit. Il ne vous reste qu'à poser un bouquet de fleurs sur la table et ce sera parfait.

De nombreux organismes pratiquent aussi la reproduction asexuée en marge de leur reproduction sexuée habituelle. Chez les plantes, c'est LE phénomène au cœur du bouturage : dans les bonnes conditions, on peut théoriquement générer une nouvelle plante entière à partir de n'importe quel morceau de plante ! Certaines espèces le font spontanément, via des structures souterraines (les rhizomes des bambous) ou aériennes (les stolons des fraisiers). Mais les animaux ne sont pas en reste.

ELLES EN ONT PLEIN LES FEUILLES

L'exemple le plus visuel de reproduction asexuée végétale est certainement celui des Kalanchoés, des plantes grasses surnommées « Mère de millions » en anglais, v qui génèrent d'adorables plantules entières (feuilles et racines comprises)… au bord de leurs feuilles ! Celles-ci se replantent directement en tombant au sol.

Pas mal d'espèces appartenant à l'embranchement des Cnidaires, comme certaines méduses, alternent reproduction sexuée et asexuée. Un bébé méduse peut se former sur le corps d'un adulte, comme une excroissance, puis s'en détacher pour partir seul à l'aventure. Chez certains vers, les petits forment des chapelets dans la continuité du corps du parent et s'en séparent ensuite pour vivre leur vie.

Il y a aussi des petits malins habituellement asexués qui se mettent à produire des gamètes pour faire, de temps en temps, de la reproduction sexuée… notamment chez les protistes. Pour rappel, cette catégorie est un fourre-tout assumé qui rassemble tous les organismes eucaryotes qui ne sont ni des animaux, ni des plantes, ni des champignons.

Évidemment, il y en a des asexués, des sexués et d'autres qui font les deux. Ce qui les amène à trancher, ce sont principalement leurs conditions de vie : si elles deviennent difficiles, ça favorise la reproduction sexuée, qui augmente la diversité génétique et donc les chances d'adaptation. L'exemple le plus impressionnant est celui de *Dictyostelium discoideum.* Comme son célèbre cousin le blob (*Physarum polycephalum*), c'est un myxomycète qui vit sur le sol, notamment en forêt. En cas de manque de ressources, une première cellule lance un message chimique qui en attire des milliers d'autres.

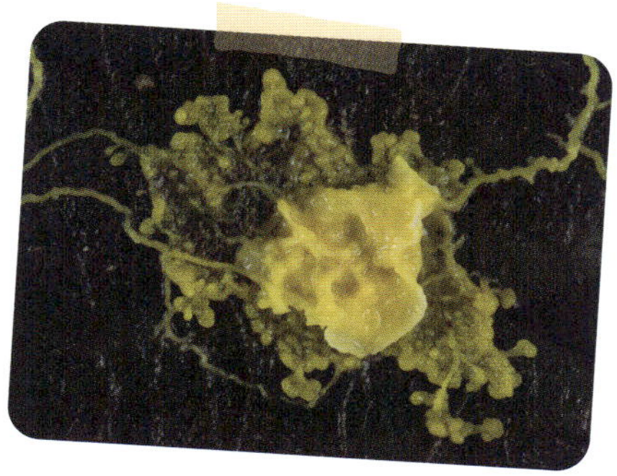

Physarum polycephalum

Celles-ci se rassemblent jusqu'à former une sorte de limace pluricellulaire, capable de se déplacer jusqu'à la surface du sol si nécessaire. De cette entité composite sort alors une tige, au bout de laquelle une structure sexuée produit et libère des spores, qui deviendront de nouveaux Dictyostelium. Autrement dit : dans l'adversité, des individus unicellulaires joignent leurs forces pour que seulement une partie d'entre eux puissent se reproduire en créant de la diversité génétique. Une belle leçon de solidarité !

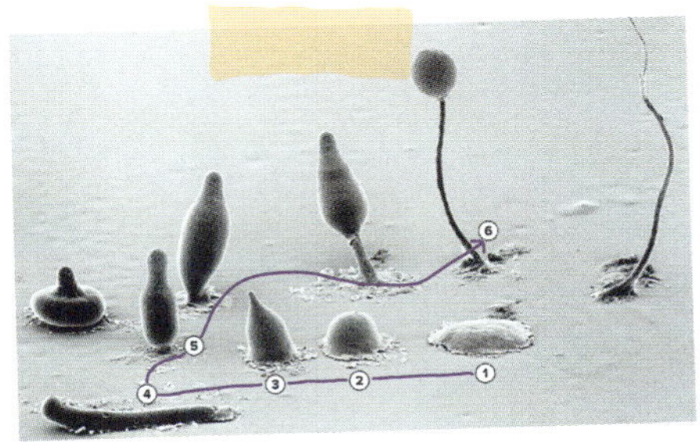

Reproduction sexuée de *Dictyostelium discoideum*

Des catégories ? Pour quoi faire ?

Pourquoi s'en tenir à une opposition entre la reproduction asexuée sans gamète et la reproduction sexuée avec gamètes quand on peut faire plus compliqué ? Il y a des organismes qui peuvent faire de la reproduction asexuée AVEC des gamètes… Par exemple en se fécondant eux-mêmes.

La plupart des plantes se débrouillent habituellement pour ne pas croiser leurs propres gamètes mâles et femelles. Mais, si aucun pollinisateur ne passe par là, elles peuvent finir par le faire : mieux vaut une descendance similaire que pas de descendance du tout !

Une autre option, également adoptée par des animaux, est de produire des gamètes, mais sans qu'ils ne fusionnent entre eux. Autrement dit : de se passer de fécondation. Un ovule non fécondé peut se développer tout seul en un individu dont le génome vient uniquement de la mère. Et c'est parfois observé ponctuellement chez des espèces dont la reproduction est normalement sexuée, comme des requins marteaux ou des condors américains. Ces femelles ont vraiment fait des bébés toutes seules.

Il y a d'ailleurs des organismes pour qui c'est tout à fait normal, comme les insectes sociaux (fourmis, abeilles…), dont le sexe est déterminé par le nombre de copies du génome. Lors de son vol nuptial, la reine s'accouple avec plein de mâles et stocke leur sperme, qu'elle utilise toute sa vie pour donner naissance à l'ensemble des membres de sa colonie. Les ovules fécondés, diploïdes, deviennent des femelles alors que les mâles, haploïdes, sont issus d'ovules non fécondés.

Couple de fourmis

Guêpe du genre *Cotesia*

LES GUÊPES DEUX EN UN

La reproduction de *Cotesia typhae* est doublement remarquable ! D'une part, ces guêpes ont domestiqué des virus, qu'elles injectent en même temps que leurs œufs aux chenilles qu'elles parasitent pour empêcher le système immunitaire de ces victimes de les défendre, ce qui laisse le champ libre aux futures larves pour se développer à leurs dépens. D'autre part, on a récemment découvert que, en parallèle de leur reproduction sexuée habituelle, les femelles *Cotesia typhae* sont capables de produire d'autres femelles par parthénogenèse !

Et comme si ça ne suffisait pas, il y a des organismes qui ont clairement utilisé la reproduction sexuée à un moment de leur histoire évolutive mais qui, par la force des choses, sont revenus à la reproduction asexuée en continuant à produire des gamètes.

C'est par exemple le cas du ténia humain, un ver solitaire parasite qui s'installe dans le système digestif, ce qui complique la rencontre avec des partenaires sexuels… Son corps est constitué d'une série d'anneaux, et chaque anneau synthétise les deux types de gamètes. Il suffit alors que la semence féconde un anneau voisin pour créer des œufs, expulsés par l'anus de l'hôte vers le milieu extérieur, où ils attendent d'être consommés par un nouvel animal pour recommencer un cycle de reproduction. Bon appétit !

Chez le phasme *Bacillus atticus*, qui imite très bien les brindilles, et chez les lézards à queue en fouet, c'est une autre contrainte qui pousse à la parthénogénèse : les mâles de ces espèces ont tous disparu. Mesdames les lézardes ayant tout de même besoin d'être stimulées pour ovuler, elles se débrouillent entre elles !

Phasme (*Bacillus atticus*)

Lézard à queue en fouet (*Cnemidophorus ruthveni*)

UNE REPRODUCTION PAS SI INTIME

Les micro-organismes sont rarement concernés par la reproduction sexuée, mais ça ne les empêche pas de se mêler de celle des autres. Des bactéries influencent la production de phéromones des insectes et modifient l'attirance des partenaires sexuels. Une protéine bactérienne, EroS, constitue quant à elle un aphrodisiaque moléculaire pour l'unicellulaire marin *Salpingoeca rosetta* : en sa présence, il se met à se reproduire de façon sexuée ! Chez *Homo sapiens*, c'est la fertilité qui semble être modifiée par les bactéries présentes dans le sperme. Et les virus ne sont pas en reste : les mammifères n'existeraient vraisemblablement pas sans eux... Car, dans les génomes de tous les animaux possédant un placenta (et chez qui on a pris la peine de regarder), on a trouvé des gènes viraux impliqués dans la formation de cet organe. Y compris chez un petit lézard !

De plus en plus alambiqué...

Tous ces exemples montrent bien qu'à partir de quelques mécanismes de base (mitose, méiose, fécondation…), il y a des tas de variations possibles. Et parfois, les résultats de l'évolution sont assez farfelus. Accrochez-vous, on vous a gardé un bel exemple pour la fin !

On a déjà évoqué quelques parasites dans ce chapitre, parce qu'ils font souvent preuve d'originalité. Navigation entre plusieurs hôtes, successions de formes haploïdes et diploïdes, changements de morphologies… Certains cycles de vie parasitaires sont particulièrement alambiqués, tout en étant efficaces. Le paludisme touche des centaines de millions de personnes chaque année et fait des centaines de milliers de morts. Pourtant, voici un résumé du cycle de vie de *Plasmodium falciparum*, un des protistes responsables de cette maladie.

Une fois introduit dans le sang humain, le Plasmodium rejoint le foie, où il copie de nombreuses fois son matériel génétique pour former une unique cellule contenant plein de noyaux. Celle-ci finit par se diviser en 10000 à 30000 cellules, avec un noyau chacune. Elles sont libérées dans le sang et entrent dans les globules rouges… où une nouvelle reproduction asexuée du même genre a lieu.

Ces Plasmodiums sont à leur tour libérés dans le sang, peuvent infecter de nouveaux globules rouges et ainsi de suite. Mais une fois dans les globules rouges, environ 2 % d'entre eux se transforment en cellules sexuées.

Ce n'est que lorsque celles-ci se retrouvent aspirées, avec le sang, dans l'intestin d'un moustique, qu'elles se transforment en gamètes et peuvent fusionner ensemble. La cellule diploïde ainsi obtenue sort du tube digestif du moustique. Elle se divise alors par méiose, formant des cellules haploïdes. Qui se divisent par mitose pour obtenir jusqu'à 2000 nouvelles cellules. Celles-ci rejoignent enfin les glandes salivaires du moustique… d'où elles peuvent être transmises à un nouvel humain via la salive en cas de piqûre. Pourquoi faire simple quand on peut faire compliqué ?

Posséder des centaines de sexes ou aucun, bien viser avec ses gamètes ou les libérer dans l'environnement en espérant qu'ils réussissent à en féconder d'autres, s'investir pour attirer partenaires et autres entremetteurs ou se débrouiller seul dans son coin : toutes les stratégies sont bonnes à prendre pour donner naissance aux générations futures.

Alors, d'après vous, qui la gagne, cette battle de la reproduction ?

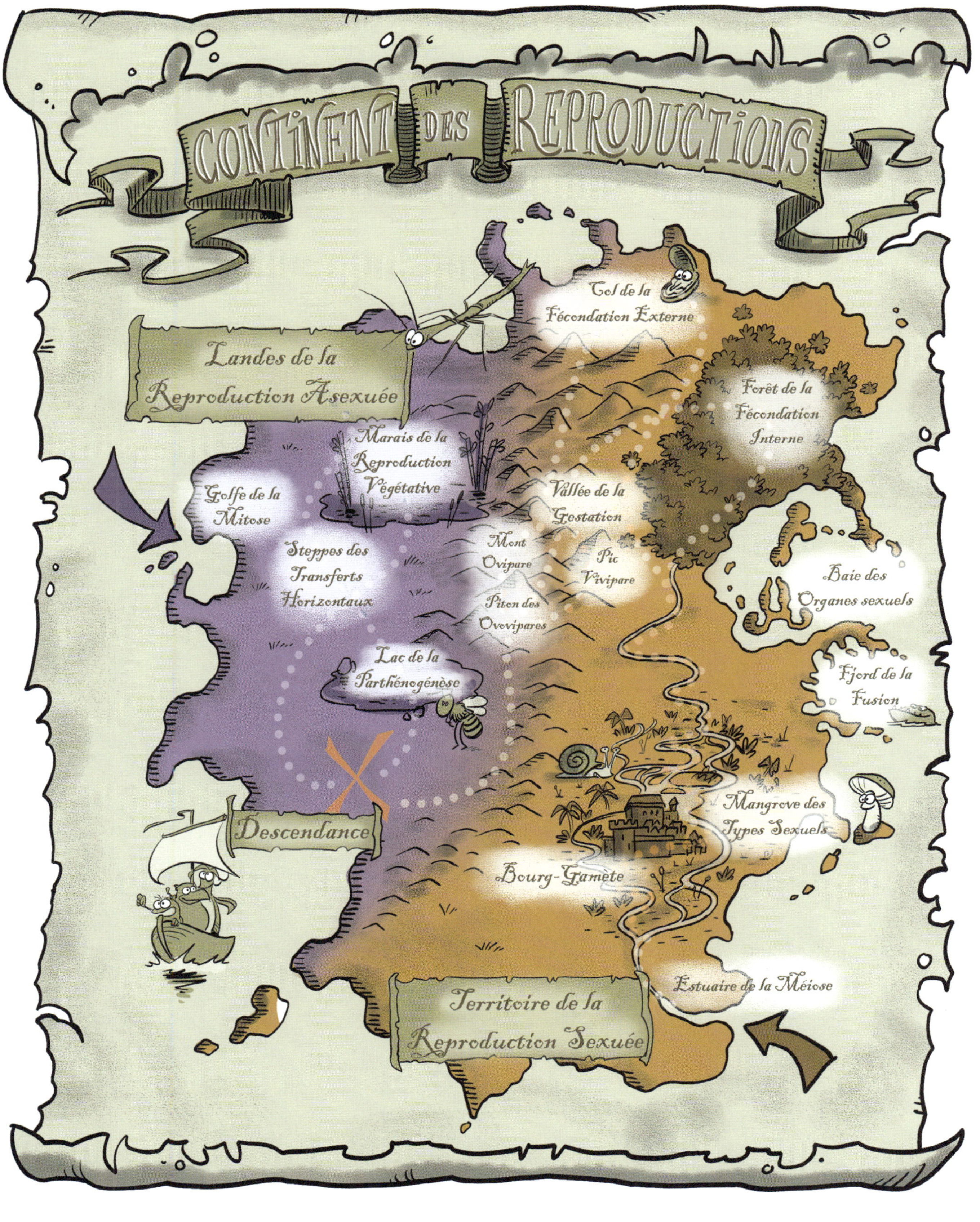
Continent des Reproductions
Landes de la Reproduction Asexuée
Col de la Fécondation Externe
Forêt de la Fécondation Interne
Marais de la Reproduction Végétative
Golfe de la Mitose
Vallée de la Gestation
Steppes des Transferts Horizontaux
Mont Ovipare
Pic Vivipare
Baie des Organes sexuels
Piton des Ovovipares
Lac de la Parthénogénèse
Fjord de la Fusion
Descendance
Mangrove des Types Sexuels
Bourg-Gamète
Estuaire de la Méiose
Territoire de la Reproduction Sexuée

Petit organisme deviendra grand

Les légumes mangent-ils de la soupe pour grandir ?

Quel est le plus grand organisme ? Peut-on devenir immortels ? Sur Terre, le temps n'impacte pas l'ensemble des êtres vivants de la même façon. Et bien que vous, humains, viviez au mieux sur un siècle, d'autres organismes défient le temps et l'espace, en se moquant bien des limites connues.

La battle de la croissance est déclarée ouverte !

Petits mais costauds !

Les êtres vivants peuvent être composés d'une ou de plusieurs cellules. Les pluricellulaires sont généralement plus gros, mais ne croyez pas qu'avoir une seule cellule contraint à rester petit ou à ne pas faire de grandes choses ! Baladons-nous dans les échelles de taille du vivant et voyons un peu comment les organismes se débrouillent pour naître un jour, grandir, vieillir et mourir avec panache !

Du côté des virus, les plus petits, comme les Parvovirus, mesurent environ 20 nm (soit un cinquantième de millionième de mètre !). Alors que les Tupanvirus, découverts en 2018 et capables d'infecter des amibes, sont dotés d'une queue et d'une capsule de protéines dont la taille totale dépasse 2 µm ! Soit déjà 100 fois plus que celle des virus les plus petits !

Au royaume des bactéries, *Mycoplasma genitalium* tient la palme de la plus petite. Cette bactérie parasite sans paroi, de 200 nm, colonise les organes génitaux et les voies respiratoires de ses hôtes, provoquant au passage des infections qui sont encore mal comprises, mais extrêmement répandues ! La plus petite archée, *Nanoarchaeum equitans*, mesure quant à elle 400 nm et est capable de vivre en symbiose avec une autre archée des dorsales océaniques, à des températures avoisinant les 90 °C ! De l'autre côté de l'échelle se tient *Thiomargarita magnifica*, une bactérie géante visible à l'œil nu et pouvant atteindre 2 cm ! Son organisation se rapproche d'ailleurs d'une cellule à noyau, ce qui intéresse fortement les scientifiques cherchant à comprendre le passage progressif des procaryotes aux eucaryotes.

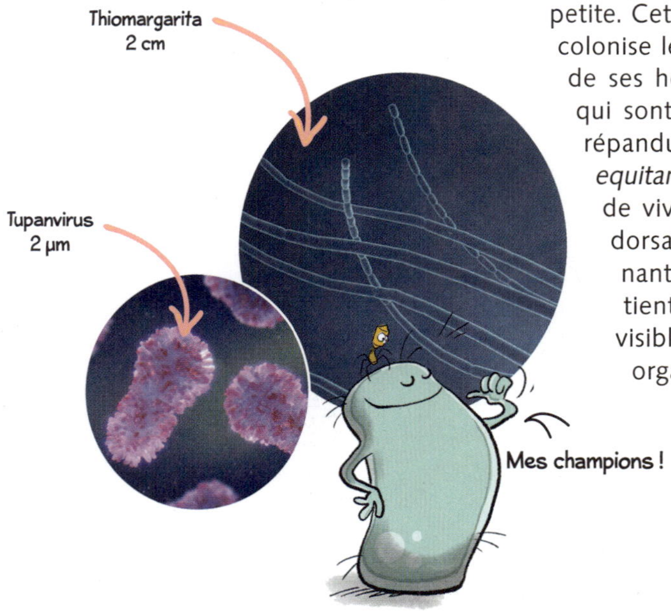

C'est une petite algue verte, *Ostreococcus tauri*, qui détient le record du plus petit unicellulaire eucaryote, avec seulement 800 nm. Pour les plus grands, on retrouve plusieurs concurrents sur le podium, adoptant une stratégie de multiplication de leurs noyaux sans division cellulaire. *Valonia ventricosa* est une algue unicellulaire en forme de globe capable d'atteindre 5 cm de diamètre. *Physarum polycephalum*, le célèbre blob, peut quant à lui recouvrir plusieurs mètres carrés de surface avec ses fins filaments. Des morceaux de blob peuvent d'ailleurs fusionner en une seule entité, ce qui a permis à un lycée français d'atteindre un record de longueur pour un organisme à une seule cellule en 2022 : 53 m et 9 cm ! Dans le genre des algues *Caulerpa*, un seul individu peut s'étendre sur 80 cm de haut, en formant des structures complexes ressemblant à des feuilles et des racines, tout en restant unicellulaire. Résistantes au sel, aux faibles luminosités, toxiques pour les herbivores… ces algues colonisent rapidement leurs milieux, devenant parfois problématiques !

Le blob, encore lui :
Physarum polycephalum

Algue *Valonia ventricosa*

Algue *Caulerpa taxifolia*

QUAND LE DÉVELOPPEMENT MET À L'ÉTROIT

Dans la mer, les diatomées, des algues unicellulaires, s'entourent de petites coques de silice, dont les formes extrêmement élégantes varient d'une espèce à l'autre. Celles-ci sont en fait de minuscules boîtes de verre, avec d'un côté un couvercle et de l'autre un fond, un peu plus petit. À chaque division asexuée par mitose, les deux cellules produites récupèrent une moitié de boîte chacune, qui sert de couvercle pour la synthèse du « fond » correspondant. La taille de la coque de silice diminue donc au fil des divisions. Quand elle finit par être trop petite, les diatomées meurent… Mais heureusement, un passage par la case reproduction sexuée permet de repartir à zéro, à partir d'une nouvelle coque plus grande !

L'union fait la force : des cellules aux colonies

Une autre façon d'augmenter sa taille consiste à associer plusieurs cellules entre elles, comme des briques de construction. En plus, cela permet de protéger le groupe de cellules le plus interne des conditions climatiques et des prédateurs, de créer des réserves, d'augmenter sa surface de collecte de nourriture, ou même de se déplacer autrement ! Les chercheurs considèrent que cette option serait apparue au moins 25 fois indépendamment au cours de l'évolution. Et c'est toute une nouvelle montagne de possibilités qui s'offre à nous ! Pour accomplir cette prouesse, il suffit d'acquérir la capacité de se « coller » à ses voisines et pour cela, deux méthodes existent : soit créer des jonctions directes entre cellules grâce à des « ponts » de protéines, soit secréter des composés permettant de créer un environnement visqueux dans lequel s'agglutiner les unes aux autres.

Plus fort encore, associer les cellules permet de se répartir le travail. Chacune peut désormais se spécialiser : certaines pour se reproduire (souvenez-vous de la « limace » de *Dictyostelium discoideum*, p. 35), certaines pour se nourrir, d'autres pour se déplacer... Et ce n'est pas réservé qu'aux eucaryotes ! Les bactéries s'associent régulièrement en surfaces gluantes qu'on appelle des biofilms, plus difficiles à éliminer que des individus isolés. Et certaines, découvertes dans des grottes au Japon, forment des couches très organisées de filaments qui se différencient parfois en petites coupelles, libérant des bactéries libres capables de se réassocier plus tard.

Ainsi, tous les « gros » organismes autour de nous sont des colonies de cellules ultraspécialisées, avec des compartiments dédiés aux grandes fonctions du vivant. Mais là encore, les ordres de taille peuvent radicalement varier !

La plus petite plante à fleur, *Wolffia globosa*, mesure moins d'un millimètre, tandis que le plus gros arbre, le séquoia géant des États-Unis, avoisine 115 mètres de haut ! Le plus petit insecte connu, *Dicopomorpha echmepterygis*, est une guêpe parasite d'à peine 0,12 mm de long et on sait qu'il y a 250 millions d'années, une libellule géante de 70 cm d'envergure parcourait le ciel ! Selon qu'on considère le poids ou la taille, une chauve-souris et une musaraigne tenant toutes deux sur le bout d'un doigt humain se disputent la palme du plus petit mammifère terrestre, tandis que le plus gros est l'éléphant d'Afrique, avec ses 4 mètres au garrot et ses 6 tonnes ! Si on considère des colonies d'individus plutôt que des individus uniques, les recordmen mondiaux sont Pando, une forêt de clones de 47 000 peupliers faux-trembles qui s'étend sur 61 terrains de foot, ainsi que l'armillaire, une colonie de champignons dont le mycélium s'étend sur 1 371 terrains de foot. Les deux poussent aux États-Unis, pays de la démesure !

Libellule géante disparue, *Meganeuropsis*

~~ VERS L'INFINI, ET AU-DELÀ ? ~~

Patagotitan

Le plus gros dinosaure connu, le Patagotitan, aujourd'hui disparu, mesurait 40 mètres et pesait 70 tonnes. La baleine bleue reste le plus gros animal aquatique ayant vécu sur cette planète, avec ses 30 mètres de long et ses 170 tonnes. Mais peut-on imaginer encore plus grand ? La taille d'un individu est limitée par beaucoup de facteurs, dont la gravité. Pour pouvoir être grand et gros, il ne faut pas s'effondrer sous sa propre masse. Ça implique d'avoir un squelette, interne ou externe, assez résistant. Et c'est plus facile quand on vit dans un milieu porteur, comme l'eau.

De l'œuf à la poule, de la graine à l'arbre !

Mais il reste un problème : comment passer d'une unique cellule d'origine à un organisme complexe, pluricellulaire et bien structuré ? Pour cela, dès le tout début du développement, les embryons grandissent en suivant une succession d'étapes ordonnées et selon une symétrie précise. Les divisions cellulaires peuvent découper et structurer les embryons de plein de façons, aboutissant à des organismes qui sont organisés différemment. Avec une symétrie le long d'un axe (comme les chats) ou rayonnant à partir d'un point central (comme les étoiles de mer), permettant ou non de distinguer un avant et un arrière, un haut et un bas…

Lorsqu'il y a suffisamment de cellules, l'embryon subit un pliage particulier au cours duquel se créent les différentes couches de chaque organisme : son intérieur, son extérieur, et tout ce qui se trouve en sandwich entre les deux. Les couches les plus externes deviendront des organes comme la peau et les nerfs, les couches intermédiaires formeront les os, les muscles… tandis que les couches les plus internes donneront le système digestif ! Tout ce développement est très finement régulé par une série de gènes exprimant des protéines qui coordonnent les travaux à réaliser dans l'espace et dans le temps, comme de véritables maîtres de chantiers.

Du côté des plantes à fleurs, une grande innovation consiste à pouvoir rester très longtemps sous la forme d'une graine avant de commencer à se développer et à grandir. L'embryon patiente bien à l'abri dans une enveloppe solide contenant des réserves de nourriture. Dès que l'humidité, la luminosité et la température idéales sont au rendez-vous, la graine germe enfin pour donner seulement trois types d'organes différents : des tiges, des feuilles et des racines. Plus simples dans leur conception que certains animaux, qui en comptent des dizaines, les plantes sont pourtant très résilientes ! Elles ne peuvent pas bouger, ni s'enfuir devant un danger, mais ça ne les empêche pas de vivre sous toutes les latitudes du globe… et cela tient justement à leur façon de grandir !

Grandir un jour, grandir toujours

Après cette grande aventure du développement embryonnaire vient la naissance. Et naître, c'est bien, mais devenir adulte, c'est mieux. Cela implique de continuer à grandir, jusqu'à atteindre le graal de toute espèce : l'âge de la maturité sexuelle ! Et il y a plusieurs façons de s'y prendre.

Beaucoup d'organismes, comme les mammifères, grandissent progressivement jusqu'à l'âge adulte, où leur taille se stabilise. D'autres grandissent jusqu'à leur mort, petit à petit : plus ils sont vieux, plus ils sont grands. C'est le cas de quelques animaux, comme le requin du Groënland mais aussi et surtout… des plantes ! Cette différence découle de la façon dont fonctionnent les cellules dédiées au renouvellement et à la croissance de l'organisme, les fameuses « cellules souches ». Celles-ci peuvent se renouveler, ce qui est pratique pour continuer à grandir, créer de nouveaux types de cellules, se réparer si d'aventure il vous arrive un pépin… mais le stock n'est pas infini. Chez certains organismes, il finit par s'épuiser et la croissance s'arrête.

Dans le cas des plantes, les cellules souches sont localisées dans des zones qu'on appelle les méristèmes, situés à chaque extrémité d'une tige, ou à chaque intersection entre une tige et une feuille. Et, si besoin, d'autres cellules de la plante peuvent se transformer pour redonner des cellules souches, qui pourront elles-mêmes reformer n'importe quel type de tissu ! Ce qui a deux conséquences : d'une part, le stock de cellules souches est maintenu indéfiniment, permettant aux plantes de pousser sans limite. D'autre part, n'importe quel morceau de plante peut potentiellement reprogrammer ses cellules pour donner une nouvelle plante. *No limit !* C'est grâce à cette capacité que l'on peut bouturer des tiges, des feuilles, ou que les arbres que vous essayez de couper en s'attaquant à leur tronc finissent bien souvent par refaire des branches et repartir de plus belle !

Alors que les animaux grandissent en multipliant leur nombre de cellules, les plantes ont une dernière astuce pour booster leur croissance : elles peuvent faire gonfler chacune de leurs cellules en remplissant un petit coussin d'eau qu'elles contiennent, la vacuole. Elles n'éclatent pas car elles sont entourées d'une paroi rigide dont les fibres sont orientées, ce qui leur permet de pousser dans le sens de la longueur.

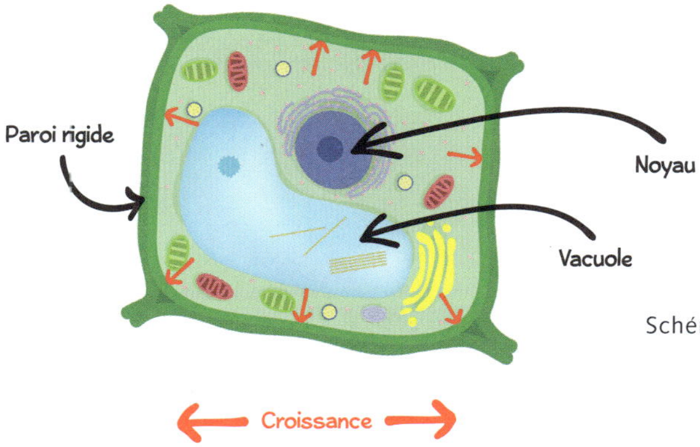

Schéma d'une cellule végétale

La plante gagne ainsi en hauteur plus rapidement qu'en épaisseur. Avec le même nombre de cellules, les plantes peuvent donc atteindre des tailles supérieures à celles des animaux ! Une partie des plantes terrestres vont en plus pouvoir grandir en épaisseur grâce à une ligne de cellules souches tout autour de leur tige, qui saison après saison, produit de nouvelles couches. Cela donne les cercles concentriques que l'on voit sur le bois lorsqu'on coupe un tronc d'arbre ! En les comptant, on peut estimer son âge avec précision, et certains auraient de quoi raconter, vu leur longévité.

Un dernier aspect intéressant de la croissance des plantes, c'est que, malgré leur taille parfois gigantesque, toutes leurs cellules communiquent entre elles via des petites ouvertures dans leurs parois. Contrairement aux cellules animales, l'intérieur d'un végétal est quasiment continu à l'échelle de tout l'organisme, ce qu'on appelle le symplasme… On pourrait presque considérer les plantes comme de grosses cellules géantes !

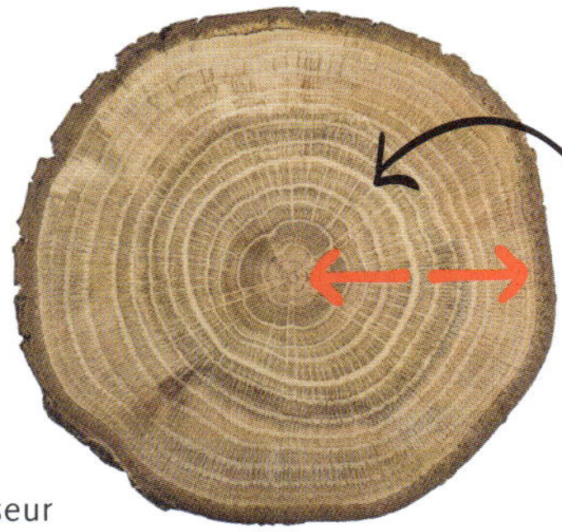

Coupe d'un tronc : croissance en épaisseur

À CHACUN SON RYTHME

Si les plantes ont une capacité de croissance qui défie l'imagination, cela ne veut pas dire qu'elles grandissent plus vite que les autres. Si le bambou géant pousse d'un mètre par jour, si rapidement qu'on peut l'« entendre » grandir, une plante de Nwamibie, *Welwitschia mirabilis*, ne gagne en moyenne que de 0,3 mm par jour.

En haut : Bambou géant (*Dendrocalamus giganteus*)
En bas : *Welwitschia mirabilis*

Grandir par à-coups

Ainsi, certains organismes ont une croissance limitée dans le temps alors que d'autres grandissent toute leur vie. Dans les deux cas, il y a encore moyen d'ajouter de la fantaisie ! Pourquoi se contenter de changer progressivement de taille alors qu'on peut imaginer des modifications plus radicales ? Certains animaux ont une croissance discontinue : ils passent directement d'une forme à une autre, avec des phases où leur activité peut légèrement diminuer.

Les sauterelles, par exemple, enchaînent cinq stades de croissance, avec des tailles de plus en plus grandes. Mais, petites joueuses, leurs jeunes (qu'on appelle les juvéniles) ressemblent à s'y méprendre à leur version adulte. Elles muent entre chaque étape, c'est-à-dire changent littéralement de peau. Elles sortent de leur squelette externe, trop petit, comme on sortirait d'une combinaison de plongée ! D'autres animaux suivent ce schéma, avec parfois de petites customisations… Les perce-oreilles ont droit à un chouette bonus après une de leurs mues : des ailes et des organes génitaux ! Et les homards combinent croissance discontinue et croissance infinie, en muant et grandissant pendant toute leur vie.

Sauterelle et sa mue

Mais la plus spectaculaire des croissances discontinues implique des changements si drastiques qu'on parle de métamorphose ! Chez certains insectes comme les mouches, les moustiques ou les coccinelles, les jeunes naissent à l'état de larves, avant de passer à leur stade « imaginal », c'est-à-dire adulte. L'exemple le plus connu est celui de la chenille : larve de papillon qui s'enveloppe dans une chrysalide, comme un adolescent s'enferme dans sa chambre, et se fait pousser des ailes. Lorsqu'elle émerge de son cocon, elle est méconnaissable !

Les insectes ne sont pas les seuls à subir des métamorphoses. Dans cette série de portraits, saurez-vous associer chaque jeune à sa forme adulte ?

A

B

C

D

1
Libellule

2
Grenouille

3
Crabe

4
Écrevisse

UN CHANGEMENT RADICAL !

Chez la sole, on commence sa vie avec un œil de chaque côté de la tête, nageant dans les courants, avant de s'aplatir sur le... sol marin. L'œil gauche passe du côté droit, ce qui donne un air de tapis écrasé, et le poisson poursuit sa vie la bouche par terre, à fouiller le sable pour se nourrir. La métamorphose ne touche pas simplement l'aspect, mais tout le mode de vie de certains organismes ! Les grenouilles commencent leur vie herbivores, immergées dans l'eau, avant de devenir carnivores et de se faire pousser des pattes et des poumons pour pouvoir respirer dans l'air. Vous parlez d'un changement !

Développement sous contrôle ?

Aussi spectaculaire soit-il, le développement de chaque être vivant est programmé pour que chaque organe reste bien à sa place et réalise sa fonction ! La croissance est régulée par des composés appelés hormones : ce sont des protéines très courtes (quelques acides aminés à peine) qui se diffusent rapidement dans l'organisme et déclenchent des réactions au niveau des organes ou des cellules. Et des instructions

Réponses : A3 ; B1 ; C4 ; D2

génétiques sont prévues pour que chaque cellule accomplisse bien la tâche qui lui est destinée. Mais il peut y avoir des ratés. Que se passe-t-il si une hormone de croissance ne fonctionne plus ? Et bien, on peut tout simplement s'arrêter de grandir. Et si l'une des cellules d'un organisme décidait de se multiplier à l'infini, de façon incontrôlée ? C'est exactement ce qu'il se passe lorsqu'apparaît un cancer : une masse de cellules prolifère n'importe comment, semant la zizanie au point d'empêcher tout l'organisme de fonctionner.

ON NE PEUT PAS GRANDIR TRANQUILLE...

Certains virus créent des mutations en infectant des cellules, ce qui peut déclencher des cancers. C'est le cas des papillomavirus par exemple, qui sont à l'origine de cancers du col de l'utérus chez l'humain et contre lesquels il est conseillé de se vacciner. De nombreux organismes (bactéries, champignons, insectes...) induisent aussi des développements anormaux chez les plantes, sans pour autant les empêcher de vivre. Les insectes de la famille des cynipidés, des petites guêpes solitaires, pondent par exemple sur les feuilles du chêne, forçant l'arbre à créer une protubérance, que l'on appelle galle, dans laquelle les larves vont grandir. Des virus sont aussi à l'origine de formes « originales » dans le développement de plantes, qui deviennent parfois collectionnables par les amateurs...

En haut : Galle de chêne sur une feuille
En bas : Célosie crête de coq, fleur anormale

Toutes les bonnes choses ont une fin !

Qu'il grandisse pendant un temps limité de sa vie ou indéfiniment, une chose est sûre : tout organisme a une fin. Soit parce qu'il croise le chemin d'un prédateur en quête de nourriture, soit parce qu'il s'altère. En effet, à chaque division et tout au long de la vie, le matériel génétique des cellules s'abîme un peu : elles ne peuvent donc pas proliférer indéfiniment. On parle d'une horloge moléculaire, programmée dès la naissance. Comme pour une machine, les pièces composant les êtres vivants s'usent inlassablement, à force de servir. Au bout d'un moment, les dommages finissent par être si importants que la cellule ne peut plus fonctionner, avant que ce ne soient les organes puis l'organisme tout entier...

Statistiquement, plus on possède de cellules ou plus on vit longtemps, plus on a de risques de développer des cancers ou des maladies. Mais quelques originaux semblent défier les règles ! Si les éléphants et les baleines vivent plusieurs dizaines d'années (plus de 250 ans chez la baleine à bosse !) malgré leur taille, ou si les rats-taupes nus vivent dix fois plus longtemps que les autres rongeurs, c'est parce qu'ils ont des mécanismes moléculaires très élaborés pour éviter les désagréments. Une mystérieuse méduse, *Turritopsis nutricula*, a quant à elle trouvé le moyen de revenir indéfiniment à son stade juvénile après

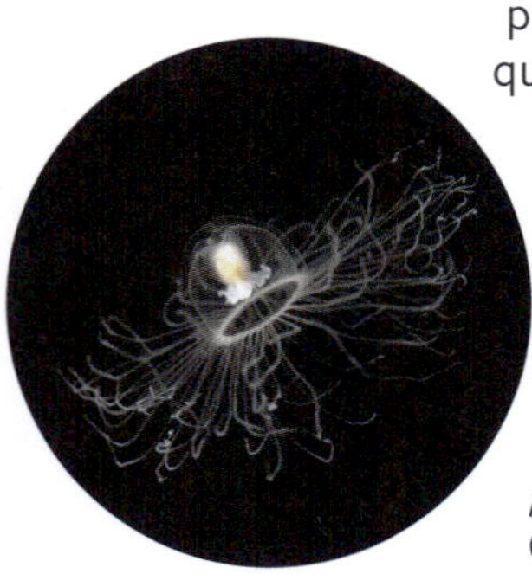

Méduse
(*Turritopsis nutricula*)

sa phase de reproduction… Et finalement, les unicellulaires qui produisent des clones d'eux-mêmes par reproduction asexuée peuvent-ils être considérés comme immortels, tant qu'on n'a pas éliminé méthodiquement chacune de leurs versions ?

Les chercheurs travaillent énormément sur ces mécanismes de longévité, et sur ceux qui permettent de régénérer les cellules souches et d'orienter leur fonction. Pourrait-on, grâce à eux, refaire pousser des organes entiers sur commande et toucher du bout du doigt… l'immortalité ?

LES DOYENS DU MONDE !

Parmi les recordmen de longévité, on retrouve Jonathan, une tortue géante des Seychelles de 190 ans, et les requins du Groenland, dont on estime la longévité à plus de 400 ans ! Certains ont donc vécu (de loin) la Révolution française ! Ming, une palourde islandaise, a été sacrifiée à 507 ans par des scientifiques… pour mesurer son âge. Qui sait quelle longévité elle aurait pu atteindre sans ces visiteurs trop curieux ?
Mais à ce jeu, personne ne peut rivaliser avec les plantes. Les plus vieux arbres uniques étaient déjà là à l'Antiquité et les colonies d'arbres comme Pando dépasseraient les 80000 ans. Ils ont donc côtoyé les hommes de Néandertal… Ça force le respect !

La forêt géante Pando

Le monde vivant nous réserve encore de nombreuses surprises sur les secrets du vieillissement, mais pour se quitter sur une note positive, rappelons-nous la chose suivante : la mort peut paraître inéluctable, mais ce n'est qu'une étape dans un grand cycle. Les briques qui nous composent se dégraderont pour permettre de reconstruire une chose nouvelle, alimenter une autre entité vivante. Comme ce chapitre, qui touche à sa fin mais n'est qu'un prélude au suivant, qui sera tout aussi passionnant, mourir ce n'est pas finir, mais donner l'opportunité à la vie de se transformer !

Alors, d'après vous, qui la gagne, cette battle de la croissance ?

FÉCONDATION
(Ch.2)
STADE EMBRYONNAIRE
SÉQUOIA GÉANT
BALEINE À BOSSE
ÉLÉPHANT
MUSARAIGNE
BACTÉRIE
VIRUS
NAISSANCE
ON S'ARRÊTE PAS !
HORMONES
RÈGLEMENT
CELLULES COACH SOUCHE
MUE COACH
GONFLEMENT COACH CELLULES
MÉTA COACH MORPHOSE
MULTIPLICATION COACH

Inspirez, expirez !

Les algues peuvent-elles manquer d'air ?

Remplir ses poumons d'un grand bol d'air frais, forcément… ça demande d'avoir des poumons. Existe-t-il d'autres façons de récupérer l'oxygène ? Comment faire quand on vit dans l'eau plutôt que dans l'air ? Et d'ailleurs, à quoi sert vraiment cet oxygène et peut-il être remplacé par autre chose ?

La battle de la respiration est déclarée ouverte !

L'interface parfaite !

Les êtres vivants ont développé un incroyable arsenal de structures permettant de récupérer de l'oxygène dans leur milieu de vie. Malgré leur diversité, celles-ci ont le même usage et partagent donc quelques points communs. Il s'agit d'interfaces, des zones d'échange entre l'extérieur et l'intérieur du corps, qui ont une double fonction : faire rentrer de l'oxygène dans l'organisme et en faire sortir du CO_2.

Ce double passage se fait de façon passive, par diffusion à travers la zone de contact. Et trois choses permettent de maximiser son efficacité. La première, c'est la surface : plus elle est grande, mieux les échanges se font. D'où les nombreuses lamelles des branchies de certains poissons, les élégants « plumeaux » des vers tubicoles qui leur permettent aussi de se nourrir, ou les alvéoles imbriquées des poumons humains.

Le second levier, c'est l'épaisseur de la zone d'échange. Et cette fois-ci, plus elle est réduite, plus les transferts sont efficaces. Là-dessus, les unicellulaires sont imbattables : il n'y a qu'une frontière à franchir pour passer à l'intérieur ! Enfin, le troisième paramètre est lié au caractère passif de la diffusion et aux propriétés physiques de la matière : pour qu'une substance se déplace spontanément d'une zone vers une autre, il faut que sa concentration soit plus élevée dans la zone de départ que dans la zone d'arrivée.

Branchies de bonite

Panache de vers tubicole

Reconstitution 3D de la structure d'alvéoles pulmonaires humaines

Imaginez un vacancier qui n'a aucune contrainte et qui doit choisir entre deux plages identiques, mais bondée pour l'une et calme pour l'autre. Il va vraisemblablement s'installer sur la plus tranquille. C'est un peu pareil pour les molécules ! Si rien ne les force, elles finissent par se déplacer vers la zone où elles sont moins nombreuses. Pour que l'oxygène rentre dans les organismes, sa concentration du côté interne de la zone d'échange doit donc rester inférieure à sa concentration du côté externe.

Pour maintenir le gradient d'oxygène au niveau des surfaces respiratoires, il faut à la fois déplacer ou utiliser l'oxygène fraîchement arrivé côté intérieur et renouveler le milieu extérieur, qui s'appauvrit localement au fil des échanges. Un courant d'eau au niveau des branchies, une expiration puis inspiration d'air frais dans des poumons et le tour est joué ! Surface développée, épaisseur limitée et gradient maintenu sont les trois ingrédients d'une bonne interface de respiration. Encore faut-il qu'elle soit adaptée à son milieu…

L'air du vent

Les organismes terrestres ont de la chance : l'air qui les entoure est facile à déplacer et composé de 21 % d'oxygène. Pratique ! Si ce n'est que cet air est desséchant, ce qui oblige à ruser pour ne pas se déshydrater en respirant. Et comme il est peu porteur, ce n'est pas évident d'y faire flotter des organes sans qu'ils ne s'écrasent sous leur propre poids. Face à ces contraintes, de nombreux animaux ont développé des structures internes pour respirer. Quand il s'agit de poches à l'intérieur de l'organisme, dans lesquelles l'air fait des allers retours, on parle de poumons. On en trouve chez les mammifères, les reptiles, les oiseaux ou les amphibiens, avec chacun leurs particularités morphologiques et leur façon de faire circuler l'air… Mais aussi chez des crustacés et des gastéropodes (car oui, les escargots ont UN poumon) !

L'oxygène doit alors être distribué à tout le corps à partir de cet organe (et, à l'inverse, le CO_2 doit être récupéré partout pour être évacué depuis les poumons). Il est pour cela pris en charge par des protéines appelées pigments respiratoires, comme l'hémoglobine ou l'hémocyanine. Libres ou localisées dans des cellules spécialisées, elles parcourent l'organisme en naviguant dans le sang ou l'hémolymphe (l'équivalent du sang chez les invertébrés). Ces liquides ont bien d'autres fonctions que le transport des gaz, mais leur couleur varie selon leurs pigments respiratoires ! Le sang des humains est rouge à cause de l'hémoglobine, alors que l'hémocyanine teinte de bleu l'hémolymphe des limules. Les vers priapuliens (qui tirent leur nom de leur ressemblance avec… un pénis) ont quant à eux une hémolymphe tirant vers le violet à cause de l'hémérythrine, tandis que celle d'autres vers marins est rendue verte par la chlorocruorine. Un sacré arc-en-ciel !

De leur côté, les insectes se passent de poumons et leur système circulatoire n'est pas impliqué dans leur respiration. Leur corps entier est percé de petits trous qui débouchent sur un réseau de minuscules tubes rigides : les trachées. Celles-ci distribuent directement l'air dans tout l'organisme par

Chenille de Grand paon de nuit (*Saturnia pyri*)

diffusion passive, ce qui a ses limites. Sans compter que ce réseau n'est pas ventilé, même si le volume disponible peut être augmenté en dilatant l'abdomen. Du coup, la taille des insectes est limitée par la quantité d'oxygène disponible dans l'atmosphère. Et comme cet appareil respiratoire est lié au squelette externe, il faut en refaire une bonne partie à chaque mue ! Il n'empêche que ça marche, et l'ouverture des trous peut être contrôlée pour diminuer les pertes d'eau.

Enfin, quitte à exploiter un maximum de surface, certains animaux respirent par leur peau ! En général, ce mécanisme à l'efficacité limitée est combiné à un autre. Les amphibiens, par exemple, respirent à la fois avec des poumons et avec leur peau. Après tout, pourquoi se contenter d'une seule solution ? Les araignées ont ainsi à la fois des poumons et des trachées. Et adapter son système respiratoire peut aider à explorer de nouveaux environnements : c'est le cas de certains poissons, capables de sortir de l'eau ! Les membres de la sous-famille des Oxudercinae et les dipneustes respirent sous l'eau avec des branchies… Mais ils peuvent aussi le faire à l'air libre : *via* leur peau pour les premiers et des poumons pour les seconds. D'ailleurs, comment se débrouillent les organismes exclusivement marins ?

Oxudercinae dans une mangrove

Dipneuste sud-américain dans un aquarium

RETENIR SON SOUFFLE

L'absence d'oxygène ou l'excès de CO_2 suffisent à tuer la plupart des animaux. Mais certains sont plus résistants que d'autres ! Les rats-taupes nus supportent sans sourciller de l'air contenant 10 % de CO_2, au lieu des 0,03 % habituels de l'atmosphère, et peuvent même tolérer 80 % de CO_2 pendant plusieurs heures. Côté oxygène, passer de 21 % à 5 % ne semble pas les affecter et ils survivent sans séquelle à une absence totale d'oxygène pendant 18 minutes (au prix d'un coma temporaire), une prouesse inaccessible même pour les meilleurs apnéistes humains. Ces capacités étonnantes sont sans doute liées à leur mode de vie : des colonies de plusieurs centaines d'individus partagent des tunnels souterrains mal aérés où ils dorment collés les uns aux autres. Les milieux confinés, c'est leur spécialité !

Sous l'océan

Dans l'eau, les problèmes de la déshydratation ou du manque de soutien ne se posent pas. Par contre, ce fluide est plus difficile à déplacer que l'air. On peut oublier l'idée de lui faire faire des allers-retours rapides dans des poumons. Mais surtout : l'eau est beaucoup plus pauvre en oxygène ! Un litre d'eau contient environ trente fois moins d'oxygène qu'un litre d'air. Et encore, c'est une estimation pour de l'eau douce à 15 °C. Plus l'eau est chaude ou salée, moins l'oxygène s'y dissout. Autant dire que l'augmentation de température peut vite poser problème… Mais il y a des petits malins mieux adaptés que d'autres au manque d'oxygène : une espèce de roussette et une espèce de donzelle (des poissons au corps allongé) capables de vivre dans des zones très pauvres en oxygène ont été identifiées en 2018.

Alors, comment respirer sous l'eau ? Une solution très prisée consiste à faire dépasser dans l'eau des morceaux de son corps dédiés à la respiration. Autrement dit, à posséder des branchies. Celles-ci peuvent être plus ou moins complexes, directement exposées dans le milieu, protégées par une coquille, une paroi ou un repli de peau que l'eau vient remplir, voire carrément rétractiles. Les branchies sont un bel exemple de convergence évolutive : face à des contraintes similaires, de nombreux animaux ont développé une solution proche, par des mécanismes différents. Le club des propriétaires de branchies regroupe ainsi des invertébrés comme les annélides, les mollusques ou les crustacés, mais aussi des vertébrés, principalement des poissons et des amphibiens (avant leur métamorphose, voir p. 46).

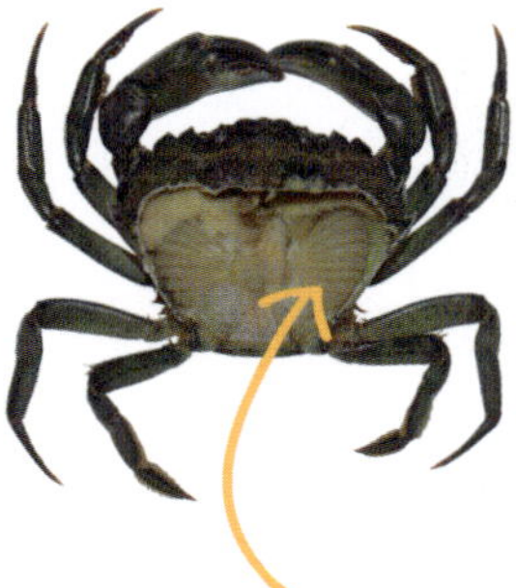

Branchies protégées par une carapace chez un crabe commun (crustacé)

Avec leur surface très étendue et leur épaisseur réduite, les branchies sont généralement de bonnes zones d'échanges. Pour y maintenir un gradient d'oxygène, plusieurs approches sont possibles. Certains organismes agitent leurs branchies dans l'eau, d'autres brassent plutôt l'eau autour de leurs branchies, et les plus flemmards profitent simplement des courants ! D'ailleurs, la respiration est un des facteurs qui déterminent la position des poissons dans une rivière : ceux qui récupèrent peu efficacement l'oxygène se limitent aux zones froides avec de forts courants alors que ceux qui s'en sortent mieux peuvent rester dans des eaux plus chaudes ou stagnantes.

Branchies flottant librement chez un axolotl (amphibien)

Branchies protégées par une coquille chez une huître (mollusque bivalve)

Branchies protégées dans une cavité interne chez la seiche à grandes mains (mollusque céphalopode)

Au-delà des branchies, quelques espèces ont opté pour la version aquatique des poumons : des sacs internes dans lesquels l'eau rentre. C'est le cas de certains escargots de mer ou oursins mais aussi des concombres de mer et des tortues, ces dernières combinant parfois poumons aériens et poumons adaptés à l'eau, à des endroits différents de leurs anatomies. Car l'ouverture des appareils respiratoires aquatiques des concombres de mer et des tortues est située… dans leur anus. Ou plus exactement leur cloaque, cet orifice unique multifonction qui leur sert aussi bien à respirer qu'à éliminer leurs déchets. Et à pondre, dans le cas des tortues. Sans commentaire !

Enfin, la respiration cutanée est aussi utilisée dans l'eau ! Le ménopome, une salamandre géante d'Amérique du Nord, ne dépend plus que de ce mécanisme après sa métamorphose, au cours de laquelle il perd ses branchies. D'où sa peau toute plissée pour augmenter la surface d'échange.

Concombre de mer

Ménopome *(Cryptobranchus alleganiensis)*

ILS NE MANQUENT PAS D'AIR !

Un certain nombre d'organismes vivent dans l'eau tout en respirant dans l'air. C'est le cas des mammifères marins comme les baleines et les dauphins, qui ont besoin de remonter à la surface pour inspirer, mais aussi de nombreux insectes, adultes ou à l'état larvaire ! Certains embarquent des bulles d'air, comme les dytiques ou les araignées argyronètes. D'autres, comme les punaises aquatiques ou les larves de moustiques, possèdent carrément des tubas qui leur permettent de rester connectés à la surface. De vrais experts de la plongée !

La larve de l'Eristale (une mouche), respire grâce à un siphon télescopique qui peut mesurer jusqu'à cinq fois la longueur de son corps.

Araignée Argyronète *(Argyroneta aquatica)* plongeant avec une bulle autour de l'abdomen

Boire la tasse par les racines

Dans l'air ou sous l'eau, les animaux possèdent la gamme d'organes respiratoires la plus hétéroclite… Mais ils ne sont pas les seuls à respirer, loin de là. Et si les plantes n'ont pas spécialement besoin de ruser pour récupérer de l'oxygène, c'est parce qu'elles sont capables d'en produire elles-mêmes ! En effet, elles peuvent utiliser l'énergie du soleil pour fabriquer leur propre matière au cours du fameux processus de photosynthèse. Alors que la respiration consomme de l'oxygène et libère du CO_2, la photosynthèse fait l'inverse : utiliser du CO_2 pour produire de l'oxygène.

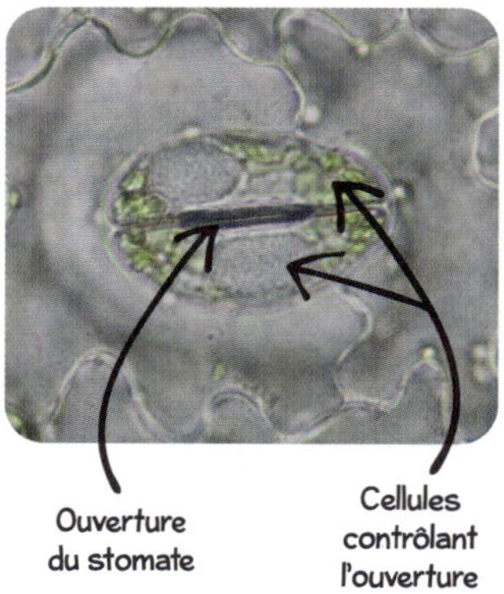

Les échanges gazeux des plantes ont lieu au niveau de petites ouvertures, appelées stomates, qui se trouvent le plus souvent sur les faces inférieures des feuilles. Ces trous sont délimités par deux cellules : quand elles sont gonflées, bien remplies d'eau, le stomate est ouvert sur l'air extérieur. Quand elles se dégonflent, le stomate se referme. La déshydratation provoque donc automatiquement la fermeture des stomates, ce qui stoppe la perte d'eau. C'est bien fichu !

Ceci dit, les plantes ont quand même besoin de récupérer de l'oxygène extérieur pour vivre. Celui produit dans les zones qui réalisent la photosynthèse, c'est-à-dire toutes leurs parties vertes, n'est pas transporté par la sève. Il diffuse directement dans le reste de l'organisme, via des zones creuses entre les cellules. Ces espaces sont particulièrement développés chez les plantes aquatiques, ce qui compense leur difficulté à récupérer de l'oxygène dans l'eau et leur sert de bouée pour flotter. Les racines absorbent aussi de l'oxygène directement dans le sol, et les plantes qui vivent dans des zones humides doivent s'adapter pour ne pas boire la tasse ! Un peu comme les insectes, elles ont développé leurs propres versions du tuba, en faisant remonter certaines de leurs racines vers le haut pour avoir accès à l'air. En cas d'inondation, de nombreuses plantes peuvent s'adapter après coup en augmentant le volume des zones vides dans lesquelles les gaz circulent dans leur organisme. Vive le bricolage !

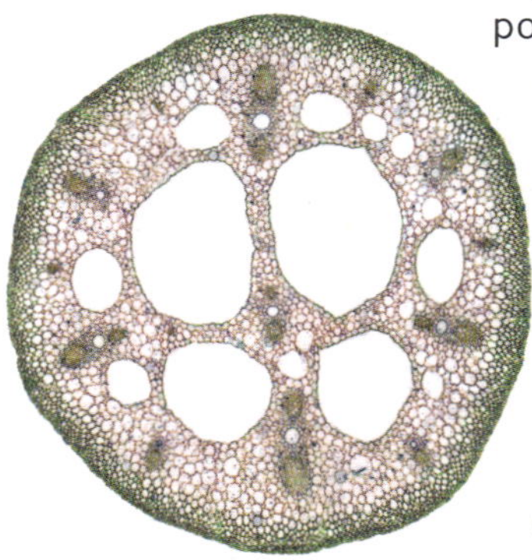

Vue en coupe d'une tige de nénuphar

Les racines du cyprès chauve *(Taxodium distichum)* forment des tubes verticaux.

Le palétuvier rouge (*Rhizophora mangle*) a des racines dites « échasses ».

Quel que soit leur milieu de vie, animaux et végétaux se débrouillent pour récupérer l'oxygène dont ils ont besoin. Est-ce que les micro-organismes en sont dépendants, eux aussi ? Et à quoi sert vraiment cet oxygène si indispensable ? Pour le savoir, il va falloir zoomer un peu ! Car la respiration est avant tout un mécanisme qui se déroule à l'intérieur des cellules.

Mini centrales énergétiques

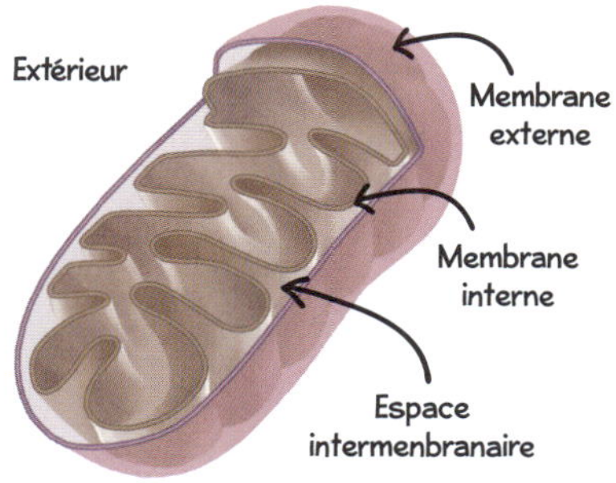

Une fois respiré et distribué aux cellules d'un organisme eucaryote, l'oxygène termine son trajet au niveau d'une structure particulière : la mitochondrie. Il s'agit d'une minuscule centrale énergétique, nichée dans les cellules et délimitée par deux couches de lipides, les membranes mitochondriales interne et externe. Les mitochondries peuvent ressembler à des petits haricots solitaires ou former un réseau, et elles se comptent par centaines voire milliers dans certaines cellules. Mais les procaryotes, eux, n'en possèdent pas. Et pour cause : les mitochondries sont d'anciennes bactéries !

On considère aujourd'hui que l'un des éléments ayant conduit à l'apparition des eucaryotes à partir des procaryotes, plus anciens, est l'internalisation d'une bactérie, que l'on retrouve désormais chez tous les eucaryotes sous la forme des mitochondries. On parle d'endosymbiose pour désigner cette coopération intracellulaire. Et les mitochondries ne peuvent pas renier leurs origines ! Elles possèdent leur propre génome, qui est organisé comme un génome bactérien. Elles ont une taille de bactérie, se divisent comme les bactéries, et pas mal de leurs structures (dont leurs membranes) sont similaires à celles des bactéries. Quel rapport avec la production d'énergie ? On y vient !

MERCI MAMAN !

Les mitochondries sont bien installées au cœur des cellules. Or, chez de nombreuses espèces à reproduction sexuée, seule une toute petite partie du gamète mâle rentre dans le gamète femelle au moment de la fécondation. La première cellule de l'embryon récupère donc principalement les structures de sa mère... dont les mitochondries !

Money money money

Démonter méticuleusement des molécules permet aux êtres vivants de récupérer de l'énergie. C'est ce qu'on appelle le catabolisme, et c'est l'une des raisons pour lesquelles les animaux ont besoin de manger. Ce démontage moléculaire se fait de façon progressive, en produisant de l'énergie à plusieurs étapes. La dernière d'entre elles libère finalement du CO_2 et de l'eau. Elle se déroule au niveau de la membrane interne des mitochondries et nécessite de l'oxygène : il s'agit de la respiration cellulaire ! Pour comprendre ce qui s'y passe, on va devoir faire un peu de chimie. Désolées mais après tout, les êtres vivants restent des gros tas de molécules…

Quand vous cassez un morceau de pain, ça fait des miettes. Il se passe un peu la même chose dans vos cellules : quand elles démontent des molécules, des petits trucs sont libérés au passage. En l'occurrence, des électrons. C'est-à-dire des particules, arrachées aux atomes et qui portent une charge électrique négative. Ces électrons se baladent souvent avec des protons, d'autres particules possédant cette fois-ci une charge positive. Une des façons de stocker de l'énergie dans une cellule consiste à fixer ces électrons et ces protons sur des molécules spécialisées, qui sont des sortes de porte-monnaie miniatures ! Une fois remplies, elles peuvent se déplacer et libérer l'énergie qu'elles contiennent (sous forme d'électrons et de protons) là où c'est nécessaire. Par contre, elles ont une toute petite contenance. On ne peut les remplir qu'une fois et il faut les vider pour pouvoir y stocker à nouveau de l'énergie.

En fait, il existe plusieurs sortes de « monnaies énergétiques » dans les cellules… Et la principale n'est pas celle qui stocke des électrons et des protons. C'en est une qui fonctionne un peu sur le même principe, mais en accumulant des groupements phosphates. Il s'agit d'une variante d'une des briques de base de l'ADN, qu'on appelle l'ATP (pour adénosine triphosphate, rien à voir avec le tennis !). Concrètement, c'est l'équivalent biologique de l'électricité : une forme générique d'énergie, qui peut être convertie pour faire fonctionner des tas de machines différentes. Or, le démontage des molécules permet de produire beaucoup de porte-monnaie remplis d'électrons et de protons, mais seulement un peu d'ATP.

En tous cas jusqu'à l'étape de la respiration cellulaire, dont le principe est justement d'utiliser l'énergie des porte-monnaie pour fabriquer de l'ATP !

Respirer à l'échelle moléculaire

Dans la membrane intérieure des mitochondries (ou la membrane tout court des organismes unicellulaires !) se trouve une série de protéines, que vous pouvez visualiser comme un escalier. À son sommet, dans la mitochondrie, des vigiles ouvrent les porte-monnaie pleins d'électrons et de protons, et leur contenu dégringole petit à petit les marches. Les électrons et certains protons rebondissent jusqu'au bas de l'escalier, où les attendent des molécules de dioxygène. En les accueillant, celles-ci se transforment en molécules d'eau et désengorgent l'escalier. C'est à ça que sert l'oxygène dont les organismes ont tellement besoin ! En son absence, l'escalier se bloque et les vigiles n'ouvrent plus les porte-monnaie : l'énergie reste donc coincée sous cette forme-là.

Cela pose deux problèmes. D'une part, si les porte-monnaie ne sont plus vidés, il devient impossible de les re-remplir… Et de fil en aiguille, c'est toute la chaîne de dégradation des molécules pour récupérer de l'énergie qui s'arrête. Oups. D'autre part, quand ils descendent l'escalier, les électrons libèrent de l'énergie qui permet de « recharger » de l'ATP. Double oups si le mécanisme est interrompu.

En pratique, la dégringolade des électrons titille des protons au fil des marches, qui sont transportés de l'autre côté de la membrane interne de la mitochondrie, vers l'espace entre les deux membranes. La respiration conduit ainsi à la formation d'un gradient de protons, qui se retrouvent moins nombreux dans la mitochondrie qu'à l'extérieur. La membrane qui sépare ces deux endroits joue alors le même rôle qu'un barrage hydroélectrique ! Elle isole une zone remplie, prête à se vider dans une zone moins remplie en libérant de l'énergie au passage.

C'est cette énergie de déplacement des protons qui fait tourner (littéralement) les structures qui régénèrent l'ATP. Celles-ci sont composées d'un tube inséré dans la membrane interne des mitochondries, un tuyau que les protons traversent spontanément comme l'eau s'écoule à travers un barrage. Au passage, ils entraînent la deuxième partie du mécanisme : une mini-turbine qui tourne en remettant des groupements phosphates sur l'ATP. Et pas qu'un peu : on estime que ce processus permet à un humain de générer environ son poids en ATP chaque jour de sa vie !

En résumé : l'oxygène, collecteur d'électrons, est indispensable au fonctionnement de la respiration cellulaire, dernière étape de la dégradation des molécules,

qui permet de récupérer un maximum d'énergie sous la forme d'ATP. Sans oxygène, la respiration s'arrête et, avec elle, toute la chaîne de démontage qui la précède. Ce qui prive les cellules d'énergie. On comprend pourquoi se passer d'oxygène parait compliqué… Pourtant, il y a des organismes qui n'en ont absolument pas besoin !

ASPHYXIE MOLÉCULAIRE

La respiration mitochondriale est si importante que les composés qui l'affectent sont généralement des poisons : cyanure, monoxyde de carbone, dinitrophénol... Certains bloquent l'escalier à électrons, d'autres percent la membrane censée servir de barrage aux protons. Dans tous les cas, les cellules étouffent et l'organisme aussi.

Plan B et système D

La respiration cellulaire est la façon la plus efficace de récupérer de l'énergie à partir de la dégradation de molécules, et elle a été adoptée par de nombreux êtres vivants. Mais, même si elles sont moins rentables, des alternatives existent ! Une première option consiste à se passer complètement de respiration : tant pis pour la production massive d'ATP, on se contentera du peu qui est fabriqué pendant les autres étapes de démontage. Par contre, pour ne pas bloquer toute la chaîne, il faut trouver une autre façon de vider les porte-monnaie à électrons et protons, histoire de pouvoir continuer à les re-remplir. Il existe toute une gamme de réactions chimiques qui permettent d'obtenir ce résultat sans oxygène. Les biochimistes les ont rassemblées sous un nom désormais bien connu : les fermentations !

Des micro-organismes comme les bactéries ou les levures (des champignons unicellulaires dont fait partie la levure de boulanger utilisée pour faire du pain) sont de véritables spécialistes de la fermentation. Certains l'utilisent en permanence, d'autres n'y ont recours que quand ils manquent d'oxygène. Et chacun a sa façon de vider ses porte-monnaie, en produisant des molécules spécifiques au passage. Chez les pluricellulaires, quelques cellules peuvent parfois faire de la fermentation dans des situations extrêmes, si elles manquent à la fois d'oxygène et d'énergie. Ainsi, les cellules musculaires humaines se mettent à fermenter en mode système D en cas d'effort physique intense, en produisant de l'acide lactique.

La seconde option pour se débrouiller sans oxygène, c'est d'utiliser un autre composé pour récupérer les électrons en bas de l'escalier de la respiration. Et c'est aussi une spécialité des micro-organismes, notamment des bactéries et des archées ! Au lieu de respirer de l'oxygène, les archées méthanogènes, qu'on trouve notamment dans l'appareil digestif des

À TABLE

Bien avant d'avoir compris les mécanismes moléculaires en jeu, les humains savaient utiliser des micro-organismes pour faire fermenter certains produits. C'est par la fermentation qu'on peut, à partir de sucres, obtenir de l'alcool, du CO_2 pour faire lever une pâte ou de l'acide lactique pour faire des yaourts. Mais aussi de l'acide acétique à partir d'alcool, pour faire du vinaigre. Que ce soit pour transformer ou pour conserver des aliments, la fermentation accompagne la gastronomie humaine depuis des millénaires !

vaches, utilisent du CO_2 qu'elles transforment en méthane. Les bactéries dénitrifiantes sont quant à elles capables de « respirer » du nitrate, ce qui est pratique pour dépolluer l'eau dans les stations de traitement mais peut poser problème quand elles récupèrent tout l'azote dans un sol, alors que les plantes en ont besoin pour pousser. D'autres micro-organismes « respirent » du soufre, voire des métaux, comme l'uranium, le fer ou le manganèse. Certaines bactéries comme celles des genres *Geobacter* et *Shewanella* développent carrément de minuscules câbles électriques, pour transporter les électrons entre elles ou à partir de surfaces métalliques !

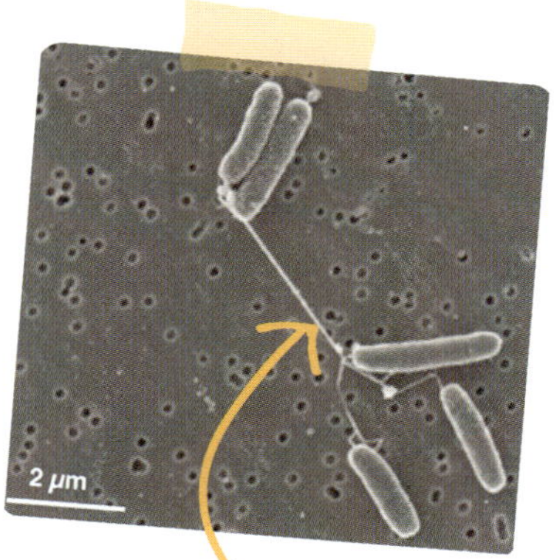

Câble électrique bactérien

L'oxygène, indispensable poison

Aujourd'hui, les organismes capables de se débrouiller sans oxygène paraissent exceptionnels. Pourtant, lorsque la vie est apparue sur Terre, l'atmosphère ne contenait pas de dioxygène : c'est au contraire la capacité à tolérer et utiliser cette molécule qui devrait nous étonner ! Son accumulation progressive est due à l'apparition de la photosynthèse, qui permet à certains êtres vivants de produire de l'oxygène à partir de CO_2 et d'énergie lumineuse. Et oui, l'oxygène terrestre a une origine biologique ! Au départ, ce composé majoritairement produit par des cyanobactéries réagissait avec d'autres éléments, comme le fer contenu dans les océans, ce qui a formé des structures géologiques encore visibles aujourd'hui. Jusqu'au moment, il y a environ 2,4 milliards d'années, où tellement d'oxygène a été libéré qu'il a commencé à s'accumuler dans l'atmosphère : la Grande Oxygénation était lancée.

Excellente nouvelle pour le vivant ? Pas du tout ! Car l'oxygène est un poison qui abîme les molécules biologiques, et les organismes de l'époque n'y étaient pas du tout adaptés. Son arrivée a provoqué une extinction de masse, à laquelle seules les espèces protégées de l'oxygène ou capables de le tolérer par hasard ont survécu. La quantité d'oxygène dans l'atmosphère a ensuite varié, atteignant jusqu'à 35 % au Carbonifère, période des immenses forêts et des libellules géantes, pour se stabiliser à 21 % aujourd'hui. Si la majorité des êtres vivants actuels utilise l'oxygène, tout en contrôlant sa toxicité, c'est parce que l'évolution a fait son oeuvre.

Échantillon de fer rubané vieux de 2,7 milliards d'années, récupéré dans l'Ontario.

Certains organismes produisent du dioxygène, d'autres ont développé des tas d'astuces pour le récupérer dans l'air ou dans l'eau, et une troisième catégorie arrive à s'en passer complètement, voire le considère toujours comme un poison, et respire des composés plus étonnants…

Alors, d'après vous, qui la gagne, cette battle de la respiration ?

SOUFRE
PIGMENT RESPIRATOIRE
BULLE D'OXYGÈNE
STRATÉGIE
POUMONS
CUTANÉE
OXYGÈNE
CO_2
BRANCHIES
POUMONS
CUTANÉE
PHOTOSYNTHESE
STOMATES
TRACHÉES

On passe à table !

Est-ce que les plantes sont végétariennes ?

Naître, grandir, respirer, se déplacer, s'adapter constamment à son environnement… Ce n'est pas de tout repos ! Et pour avoir de l'énergie, il faut bien s'alimenter. Chaque être vivant a besoin de prélever de la nourriture dans son environnement, mais ont-ils tous la même chose dans leur assiette ? Comment s'y prennent-ils pour prendre des forces à partir d'un repas ?

La battle de l'alimentation est déclarée ouverte !

La vie, ce grand jeu de construction

Tous les organismes vivants sont constitués d'amas de cellules, bouillonnantes d'activité. À chaque seconde de nos vies, des milliards de réactions chimiques invisibles à l'œil nu ont lieu simultanément. L'ensemble de ces réactions s'appelle le métabolisme et peut être divisé en deux grandes catégories. D'un côté, le catabolisme. C'est-à-dire tout ce qui consiste à découper des molécules pour récupérer de la matière et de l'énergie (la respiration présentée au chapitre précédent est l'une des dernières étapes du catabolisme). De l'autre côté, l'anabolisme. C'est-à-dire toutes les étapes qui permettent de construire de nouvelles molécules à partir des briques et de l'énergie récupérées par le catabolisme, ce qui est indispensable au fonctionnement de n'importe quel organisme.

Sans anabolisme, impossible de produire de nouvelles cellules ou simplement d'exprimer ses gènes. En résumé, les êtres vivants sont des maîtres du recyclage moléculaire, mais ils ont besoin de matériel de départ ! D'où l'importance de bien manger. Les briques moléculaires dont les organismes ont besoin pour vivre et qu'ils récupèrent dans leur environnement sont appelées les nutriments. Il peut s'agir de vitamines, minéraux, protéines, glucides (des sucres), ou de lipides (du gras)… Autant de choses qu'il est bon de consommer dans une certaine proportion chaque jour !

Ingérez…

La première étape pour s'alimenter, c'est de faire passer les nutriments de l'extérieur vers l'intérieur du corps. Dans un environnement liquide, comme l'eau, ils peuvent être disponibles en suspension et diffuser facilement à travers les parois et les membranes de certains organismes. C'est probablement la façon la plus simple de se nourrir ! Beaucoup de bactéries vivent en suspension et peuvent s'orienter vers des destinations riches en nutriments, puis simplement faire entrer la nourriture par diffusion passive. Les créatures marines fixées, comme les éponges, ont quant à elles des cavités au sein desquelles l'eau, chargée de nutriments, circule dans un sens précis pour leur permettre d'en absorber le contenu. Les gaz et l'eau diffusent aussi dans les cellules des plantes, ce qui leur permet de se nourrir à leur façon, on en reparle très vite.

Éponge de mer se nourrissant en faisant circuler l'eau

Mais l'ensemble des nutriments ne diffuse pas tout seul à l'intérieur des cellules ! Il faut donc ruser pour les récupérer, par exemple en concentrant la matière à un endroit pour simplifier son absorption. Soit en mettant en place des stratégies de capture, soit en dédiant un compartiment spécial à l'accumulation de nourriture. Les bactéries, par exemple, sont capables de fabriquer des « filets » chimiques qu'on appelle les sidérophores. Ils permettent de capturer et de concentrer le fer avant de l'absorber. De nombreux organismes pluricellulaires ont développé des organes et des compartiments entièrement dédiés à l'assimilation de la nourriture : les appareils digestifs. Ils permettent notamment de réduire la matière en morceaux suffisamment petits pour pouvoir diffuser dans les cellules !

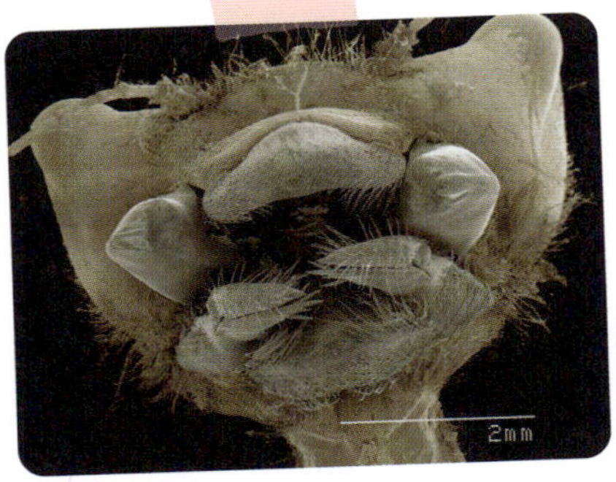

Appareil buccal d'une nymphe de libellule

À l'entrée des appareils digestifs, qui commencent souvent par une bouche (ou un orifice comparable, car le vivant est créatif…) se trouve tout un arsenal d'organes et d'appendices permettant de déchirer, broyer, écraser et/ou liquéfier la nourriture. Chez les arthropodes, dont les insectes, pinces, mandibules, et autres pièces buccales ont des formes adaptées au type de nourriture à traiter. Les insectes broyeurs comme les larves de libellules ont par exemple des appendices capables de déchirer mécaniquement les aliments. Leur appareil à mastiquer est d'ailleurs terrifiant ! Alors que les insectes suceurs (comme les pucerons, les papillons ou les moustiques) disposent plutôt d'une trompe creuse, qui permet d'aspirer des sucs liquides comme avec une paille. Évidemment, des combinaisons existent, et certains appareils buccaux permettent de broyer puis sucer, de sucer et lécher en même temps…

Trompe d'un moustique

Les oiseaux, dépourvus de dents, possèdent quant à eux un gésier, une cavité compressible dans laquelle ils ingèrent des petits cailloux qui servent à broyer la nourriture. Du côté des vertébrés, l'option classique reste néanmoins une mâchoire et des dents adaptées au type de nourriture consommé. Les canines pointues et tranchantes permettent de découper la chair d'autres animaux, tandis que les molaires larges des herbivores sont efficaces pour trancher et écraser les feuilles. De savants mouvements de mâchoires permettent ainsi de bien réduire la nourriture en bouillie au fil de la mastication. Des muscles comme ceux de la langue sont très pratiques pour chercher sa nourriture, la malaxer puis l'avaler. Le tamanoir est connu pour sa très longue langue collante, permettant de dénicher des fourmis dans des galeries, tandis que la chauve-souris *Anoura fistulata* arrive à récupérer le nectar d'une fleur de plus de 8 cm de profondeur rien qu'en tirant la langue ! C'est d'ailleurs la seule espèce capable de la polliniser. Proportionnellement à sa taille, c'est probablement l'animal qui tire la langue le plus loin !

Le travail de la langue peut être facilité par la sécrétion de salive, qui aidera à créer une bouillie à transformer plus loin. Cette étape de prédigestion est très importante pour la suite.

La langue de la chauve-souris à nectar (*Anoura fistulata*)

La langue démesurée du tamanoir (*Myrmecophaga tridactyla*)

UN KILOMÈTRE AU PRÉ... ÇA USE, ÇA USE !

Les herbivores comme les vaches ont un régime alimentaire à base d'herbes, c'est-à-dire principalement des plantes de la famille des Poacées (anciennement graminées). Celles-ci contiennent énormément de silice, le composant principal du verre... ce qui rend les brins d'herbes très abrasifs. Si vous mangiez de l'herbe à tous les repas, vos dents seraient complètement ruinées. Pour pallier ce problème, les dents des vaches poussent en continu toute leur vie ! *Idem* chez les rongeurs, d'où leurs dents avant si longues. Tellement longues, qu'ils sont en réalité obligés de ronger sans arrêt s'ils ne veulent pas que ça devienne gênant...

... Digérez !

Tout ça c'est bien beau, mais quand le repas est massif, la mastication n'est que la première étape pour pouvoir l'assimiler ! De nombreuses enzymes digestives interviennent ensuite sur les aliments et agissent comme de véritables ciseaux moléculaires, réduisant la matière à ses briques les plus élémentaires. Pour fonctionner, la plupart de ces enzymes ont besoin d'être dans des milieux plutôt liquides et acides. Elles sont donc sécrétées dans des conditions ou des compartiments bien spécifiques pour éviter d'abîmer le reste de l'organisme, quelle que soit sa taille. Certains champignons libèrent même leurs enzymes digestives dans l'environnement. Leur digestion a ainsi lieu à l'extérieur de leurs corps, et ils s'entourent d'une sorte de couche humide et visqueuse qui leur permet d'absorber tranquillement leur repas une fois réduit en bouillie.

À défaut d'avoir une bouche, certains unicellulaires comme des bactéries ou des protistes se déforment carrément pour envelopper leur nourriture. Ce processus s'appelle la phagocytose, et les poches internes ainsi formées fusionnent parfois avec d'autres poches au contenu acide, voire riche en enzymes digestives :

c'est une vraie digestion à l'échelle cellulaire ! Mais qui ne sert pas qu'à se nourrir : ce mécanisme est aussi utilisé par certains globules blancs pour protéger l'organisme des agents infectieux.

Estomac dévaginable de l'étoile de mer

L'utilisation de poches digestives se retrouve en fait dans tout le vivant. Chez les invertébrés comme les vers plats ou les méduses, cela peut se résumer à une simple cavité dans laquelle les enzymes de digestion sont libérées. Sous leurs formes les plus spécialisées, ces structures digestives deviennent des estomacs, ultra-résistants à l'acide. En général, ceux-ci restent tranquillement à l'intérieur du corps… Mais les étoiles de mer font les originales en projetant leur estomac dehors, par leur « bouche », liquéfiant leurs proies pour les aspirer ensuite.

Certains organismes ont poussé encore plus loin l'art de la digestion : leurs équivalents d'estomacs sont prolongés par des tubes plus ou moins longs, les intestins (ou d'autres structures assimilées). Dans cette zone où la matière a enfin la bonne taille, celle-ci finit par être absorbée en diffusant à travers les cellules tapissant les intestins. Elle peut ensuite être redistribuée dans le reste de l'organisme par les liquides qui y circulent. Sacré parcours !

Tous les goûts sont dans la nature

Chaque composant d'un système digestif est adapté au régime alimentaire de l'organisme qui le possède. Certains sont exclusivement végétariens et consomment des plantes toute leur vie. De l'herbe pour les herbivores, des graines pour les granivores, des fruits pour les frugivores… ou des baies pour les baccivores ! Beaucoup de champignons et de micro-organismes sont xylophages, c'est-à-dire qu'ils se nourrissent de bois, un matériau riche en lignine et en cellulose, des molécules dures à digérer.

D'autres consomment plutôt des animaux. Les carnivores mangent de la viande, les piscivores des poissons, les insectivores des insectes, les oophages des œufs… Certains papillons ont même des goûts ultra spécifiques, leurs larves ne se nourrissant que d'une seule et unique espèce de plantes. Il faut bien viser au moment de la ponte des œufs ! À l'inverse, les omnivores sont capables de manger de tout, animaux et plantes confondus.

PS : NE PAS OUBLIER L'EAU !

Toutes les réactions du métabolisme nécessitent de l'eau. Ce liquide est vital pour 100 % des organismes, si bien que tous ont des stratégies pour maintenir efficacement leur niveau d'hydratation, même dans les environnements les plus arides. Les cactus stockent par exemple l'eau dans une gelée sous une forte épaisseur de cire, et leurs feuilles sont réduites à des épines pour limiter l'évaporation. Certains animaux désertiques, comme le rat-kangourou du Pacifique, peuvent ne jamais boire, car ils récupèrent l'eau exclusivement des aliments qu'ils mangent.

Coupe de cactus

Cette diversité des régimes alimentaires a entraîné la sélection de systèmes digestifs adaptés. Par exemple, si la plupart des mammifères carnivores ont un seul estomac, les vaches, les rennes et d'autres herbivores peuvent en aligner plusieurs ! Comme les fibres végétales (dont la cellulose) ne sont pas très digestes, multiplier les compartiments ou allonger la durée du trajet des aliments grâce à des intestins plus longs est une bonne solution !

En haut : intestin spiralé de têtard

En bas : grenouille en plein goûter

Le régime alimentaire peut également changer au cours de la vie d'un organisme : les petits mammifères boivent du lait, puis finissent par se nourrir de la même chose que les adultes. Certains deviennent d'ailleurs intolérants au lait en grandissant, car ils ne produisent plus assez d'enzymes pour le digérer. Une bonne façon de s'adapter à un nouveau régime alimentaire est de modifier complètement sa morphologie ! Les têtards commencent ainsi leur vie en étant herbivores, avec un intestin long et spiralé, puis la plupart des grenouilles deviennent ensuite carnivores. Elles profitent de leur métamorphose pour adapter leurs intestins à ce changement !

Pour vivre heureux, faisons des stocks

Les sources de nourriture sont essentielles à la vie, mais pas toujours disponibles en quantités suffisantes. En fonction des saisons, des intempéries, des perturbations de l'environnement… il faut parfois prévoir un plan B. Certains animaux adoptent des comportements de stockage, plaçant des denrées dans des cachettes spéciales. C'est le cas des écureuils ou des geais, qui accumulent des noisettes et des glands en prévision de la mauvaise saison (ils en perdent souvent une partie, ce qui permet à de nouveaux arbres de pousser). Les manchots empereurs sont quant à eux capables de conserver de la nourriture dans leur estomac sans la digérer pendant des semaines, pour pouvoir la ramener et la restituer à leur progéniture !

Microcèbe de Mme Berthe (*Microcebus berthae*)

D'autres organismes font carrément des réserves au cœur même de leurs tissus, sous la forme de sucres ou de lipides qui pourront être redécoupés et utilisés plus tard. Et ce stockage a parfois une double fonction : beaucoup d'animaux polaires accumulent du gras, qui permet aussi de se protéger du froid. Mais la graisse étant une forme efficace de réserves, elle sert aussi dans d'autres contextes : à Madagascar, les microcèbes, de petits lémuriens, en stockent dans leur queue pour affronter la saison sèche, pendant laquelle les ressources se font rares !

Les plantes, elles, misent tout sur l'accumulation, ce qui n'est pas trop contraignant car elles n'ont pas à se déplacer ! Elles stockent des sucres sous la forme d'amidon, notamment dans des organes de réserves souterrains : tubercules (comme les pommes de terre), racines, bulbes, rhizomes… mais aussi dans les graines, où une réserve de sucres accompagne l'embryon pour lui permettre de se développer jusqu'à devenir capable de se débrouiller tout seul. On peut faire le parallèle avec les œufs des organismes ovipares : eux aussi contiennent des réserves nutritives qui permettent à l'embryon de se développer avant l'éclosion !

Rhizome de gingembre

Bulbe d'oignon

Tubercule de pomme de terre

Racine de carotte

Vers dégradant la matière du sol

Opération recyclage

Pour finir, certains organismes se sont spécialisés dans le recyclage ! Les charognards sont des espèces qui se nourrissent principalement d'animaux déjà morts, voire déjà décomposés. C'est le cas des vautours ou des hyènes, mais aussi de nombreux insectes décomposeurs, qui se ruent sur les cadavres et permettent à certains experts de dater précisément la date d'un décès… Et cette décomposition de la matière morte est essentielle, qu'elle soit d'origine animale ou non ! Des cortèges de micro-organismes, d'insectes et autres animaux se relaient pour dégrader le bois et les feuilles mortes, formant ainsi la couche d'humus dans laquelle pourront s'enraciner de futures générations de plantes.

Plante carnivore (*Nepenthes hemsleyana*), toilettes de Bornéo

De nombreux insectes comme le célèbre scarabée bousier, des champignons, bactéries et autres micro-organismes sont eux spécialisés dans la récupération des crottes, dont ils se nourrissent en récupérant ce qui a échappé à l'appareil digestif dont elles sortent ! Une plante carnivore à urne de Bornéo est même spécialisée dans la cohabitation avec une chauve-souris : elle offre l'abri au mammifère volant, qui utilise ses urnes comme toilettes. Miam !

Il paraît que les petites bêtes ne mangent pas les grosses. Si c'était vrai et que ces éboueurs de la planète n'existaient pas, la Terre serait rapidement devenue une montagne de détritus. Alors malgré leurs goûts qui peuvent nous paraître un peu douteux… On dit merci aux recycleurs !

DE LA NEIGE EN PLEINE MER ?

Il existe au fond des océans un phénomène appelé « neige marine ». Des particules d'excréments et d'organismes morts, des unicellulaires aux baleines, tombent constamment depuis la surface, fournissant une source de matière et d'énergie importante aux espèces qui vivent dans les profondeurs !

Les micro-organismes à la rescousse !

Les micro-organismes possèdent probablement l'arsenal d'enzymes le plus polyvalent du monde vivant : ils dégradent toutes sortes de molécules impossibles à traiter pour la plupart des autres organismes. En s'installant dans les appareils digestifs d'autres espèces, beaucoup de micro-organismes s'assurent le gîte et le couvert à moindre coût, et un véhicule rapide pour se déplacer. En contrepartie, ils partagent leurs compétences ! Les termites digèrent par exemple le bois grâce à des protistes qui dégradent la cellulose et la lignine, eux-mêmes hébergeant des bactéries impliquées dans le processus. Ces compagnons peuvent représenter jusqu'à un tiers de la masse d'un termite ! Les ruminants hébergent quant à eux tout un bestiaire microbien (bactéries, archées, protistes et champignons) dans leur appareil digestif, qui permet la dégradation de la cellulose. Ces écosystèmes de micro-organismes portent le nom de microbiotes, et ceux qui peuplent les systèmes digestifs des animaux sont de plus en plus étudiés. Leurs rôles ne se limiteraient pas seulement à la digestion : chez l'humain, on suspecte que le microbiote intestinal pourrait agir sur la santé, les comportements, les humeurs, et même les préférences alimentaires…

Le cycle de l'alimentation

Les êtres vivants se mangent les uns les autres et chacun occupe une position différente dans ce que l'on appelle la chaîne alimentaire. Ce concept est souvent représenté sous la forme d'une pyramide, dont la base correspond aux producteurs primaires de matière (plantes, micro-organismes). Ceux-ci sont consommés par d'autres espèces, qui servent de proies à des prédateurs et ainsi de suite jusqu'à trouver, au sommet de la pyramide, des super-prédateurs que rien ne menace. Cette vision des choses fait de chaque espèce un maillon dans une grande chaîne unissant tout le vivant. Elle permet d'expliquer des principes généraux mais elle reste cependant très simplifiée !

L'action des décomposeurs, qui recyclent même les dépouilles des chasseurs les plus efficaces, montre que les chaînes alimentaires sont en réalité des boucles ininterrompues. En fait, il ne s'agit pas de chaînes linéaires mais d'un immense réseau d'interactions, pas si évident à reconstruire. Retirer un élément du réseau peut avoir des résultats catastrophiques et pas toujours évidents à prévoir. Au XXe siècle, la Chine a lancé une grande chasse aux animaux considérés comme nuisibles, dont les moineaux, soupçonnés de détruire les cultures. Conséquence : les populations d'insectes ravageurs, proies traditionnelles des moineaux, se sont multipliées de façon incontrôlée, provoquant des dégâts qui ont réduit tout le pays à la famine ! Oups... Et ce n'est qu'un exemple peu glorieux parmi beaucoup d'autres.

Si chaque espèce joue un rôle dans le réseau, certaines sont plus indispensables que d'autres : puisqu'une partie de la matière vivante rejoint l'environnement à la mort des organismes, il faut bien renouveler le stock et produire à nouveau du vivant à partir de l'inerte. Et comme pour la respiration, les micro-organismes sont aux manettes !

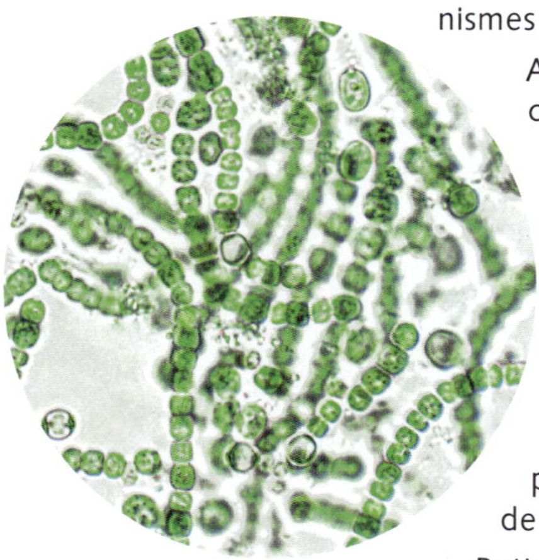

Cyanobactéries du genre *Nostoc*

Au cours de l'évolution, certaines bactéries ont acquis la capacité d'utiliser l'énergie de la lumière pour fabriquer leur propre matière, à partir d'eau et de dioxyde de carbone (CO_2). Un processus qui a logiquement été nommé... photosynthèse, c'est-à-dire synthèse utilisant la lumière ! Tout comme des bactéries se sont installées dans des cellules eucaryotes pour devenir des mitochondries (voir p. 57), des cyanobactéries photosynthétiques ont posé leur valise dans ce qui allait devenir les cellules des plantes. Cette collaboration a élargi la gamme des espèces capables d'effectuer la petite prouesse biochimique qu'est la photosynthèse et de produire de la matière vivante, qui rejoint alors le cycle de l'alimentation.

Retirez les plantes de la surface de la Terre, et beaucoup d'organismes se retrouveront sans rien à se mettre sous la dent. Les herbivores mourront, puis les carnivores qui en dépendaient directement, et ainsi de suite. Sans compter que la photosynthèse permet de piéger du dioxyde de carbone atmosphérique ! Si elle s'arrêtait, ce gaz à effet de serre s'accumulerait, entraînant une augmentation des températures. En bref : il faut prendre soin des plantes ! Ceci dit, à l'échelle de la planète, les algues unicellulaires marines et les cyanobactéries se partagent le boulot avec les plantes terrestres, contribuant à 50 % de la photosynthèse globale. Elles jouent donc un rôle fondamental dans le cycle du carbone. Si on prend un peu de recul, les cyanobactéries sont même les principales actrices de la photosynthèse ! En effet, les compartiments qui réalisent la photosynthèse dans les cellules des plantes, qu'on appelle les chloroplastes, sont d'anciennes cyanobactéries qui se sont installées là par endosymbiose, exactement comme les mitochondries !

DES PLANTES PAS VÉGÉ

Certaines plantes, qui poussent dans des milieux particulièrement pauvres en nutriments, sont capables de s'alimenter en capturant des insectes ou de petits animaux. Ces pauvres proies sont prises au piège dans des urnes glissantes, des tuyaux tortueux, des compartiments aspirants, des surfaces collantes... Toutes ces structures de capture ont une particularité : elles sécrètent des enzymes digestives qui permettent d'absorber doucement, mais sûrement, les nutriments de ces petites bêtes imprudentes. Ces plantes sont littéralement devenues carnivores ! Rassurez-vous, l'humain ne figure pas encore à leur menu.

Toute stratégie est bonne à prendre !

Le cas de la photosynthèse le montre bien : « s'alimenter » peut prendre un sens très différent selon les espèces ! Et évidemment, les biologistes ont essayé de répertorier et classer les différentes stratégies possibles. Une première distinction peut être faite entre les organismes capables de fabriquer leur propre matière à partir de carbone atmosphérique, les autotrophes, et les hétérotrophes, qui utilisent de la matière déjà vivante (ou « organique ») pour fabriquer la leur. Le pissenlit est autotrophe, grâce à la photosynthèse, alors que le renard est hétérotrophe : ils n'utilisent pas le même type de matière pour s'alimenter.

On peut aussi classer les espèces selon la source d'énergie qu'elles exploitent en se nourrissant. Celle-ci peut être chimique (comme la dégradation d'un sucre), et les organismes sont alors dits chimiotrophes. Mais ce n'est pas la seule possibilité : les espèces capables d'utiliser l'énergie lumineuse sont qualifiées de phototrophes. Concrètement : les plantes sont autotrophes et phototrophes (ou photoautotrophes, si vous aimez les mots à rallonge), alors que les mammifères carnivores sont chimiotrophes et hétérotrophes.

Mais, vous commencez à avoir l'habitude, il y a d'autres combinaisons possibles. Certaines espèces sont chimioautotrophes ou photohétérotrophes, notamment du côté des micro-organismes qui aiment bien faire leurs originaux. Et pour ne rien arranger il y a des êtres vivants qui alternent entre plusieurs tactiques : les mixotrophes !

Euglène

Elysia ornata, limace de mer photosynthétique

Là encore, les micro-organismes se démarquent par leur capacité à utiliser littéralement n'importe quoi et à s'adapter à leur milieu. Les euglènes, des algues vertes unicellulaires vivant en eau douce, font par exemple de la photosynthèse en présence de lumière, mais deviennent hétérotrophes dans l'obscurité. Comme acquérir la photosynthèse, c'est long, certains organismes court-circuitent le processus en piquant les chloroplastes de leurs voisins ! Ils les utilisent ensuite pendant un certain temps, puis en volent à nouveau pour renouveler leur stock. C'est de là que l'Élysie, une limace de mer, tire sa belle couleur verte !

À l'inverse il y a des plantes qui ont manifestement considéré que ça ne valait plus le coup de s'embêter à faire de la photosynthèse… alors qu'on peut directement parasiter les ressources produites par les autres. La cuscute ou la rafflésie ponctionnent ainsi les nutriments des plantes qui les entourent et ont perdu la capacité de réaliser la photosynthèse.

Sans aller jusque-là, des familles végétales entières, comme celle des légumineuses, ont noué des alliances avec des bactéries pour fixer l'azote du sol. L'histoire du vivant est ponctuée de ce genre d'associations surprenantes, ce qui rend les chaînes alimentaires plus complexes qu'elles n'y paraissent…

En haut : Cuscute d'Europe (*Cuscuta europaea*)

En bas : Rafflésie

Y'A PAS QUE LE SOLEIL DANS LA VIE

La photosynthèse n'est pas le seul moyen de faire rentrer de la matière dans le grand cycle du vivant. Et heureusement : certains écosystèmes se développent sans lumière et sans apport de l'extérieur, notamment dans les fonds marins. Des micro-organismes capables d'utiliser de l'énergie chimique pour générer leur propre matière (des chimioautotrophes, donc) y jouent un rôle essentiel.

Au fil de l'évolution, les organismes ont trouvé des tas de solutions pour récupérer l'énergie et la matière dont ils ont besoin dans leur milieu de vie. Certains se sont spécialisés, d'autres ont élargi leur menu ou anticipent en faisant des stocks pour éviter les pénuries. Beaucoup d'animaux forment des alliances et sous-traitent une partie de leur digestion à des micro-organismes, capables de dégrader une grande diversité de molécules… Mais la survie de tout ce beau monde repose sur les épaules des petits malins capables de transformer directement la matière minérale en matière vivante, notamment grâce à la photosynthèse.

Alors, d'après vous, qui la gagne, cette bataille de l'alimentation ?

SLURP
PHOTOTROPHES
AUTOTROPHES
HÉTÉROTROPHES
LITHOTROPHES

Il faut bien que ça sorte !

Est-ce que les bactéries font caca aussi ?

Lorsqu'on a faim, on mange et lorsqu'on a soif, on boit. Mais une fois cette matière ingérée et digérée, est-ce que tout est utilisé à 100 % ? Et non ! Quel que soit l'organisme, manger, boire et actionner son métabolisme génère des déchets, qu'il faut évacuer ou recycler. Alors qui a les meilleures solutions et qui produit les déchets les plus spectaculaires ?

La battle de l'excrétion est déclarée ouverte !

La vie, ça pollue.

C'est peut-être abrupt comme formulation, mais les êtres vivants sont des sources intarissables de déchets en tout genre. Le pipi et le caca viennent probablement en tête les premiers… Mais c'est quoi au juste, un déchet ? Globalement, c'est ce qu'il reste d'un objet ou d'une molécule une fois qu'elle a été utilisée (ce qui ne veut pas dire que plus personne n'en fait rien, nous y reviendrons). Le paquet de votre cadeau de Noël une fois déballé, le trognon de la pomme que vous ne mangez pas…

Le métabolisme consiste à assembler et désassembler les molécules à volonté, comme des briques de construction, produisant ainsi de l'énergie et de la matière première pour modeler les cellules. Mais certaines pièces ne sont pas utilisées, comme la fameuse vis en trop qui reste quand vous avez fini de monter une étagère en kit. Inutile d'accumuler les morceaux qui ne servent pas et qui sont parfois toxiques : le vivant se débrouille pour évacuer rapidement ses déchets par le processus d'excrétion.

Excrétion versus sécrétion

Dans un sens très large, l'action d'excréter peut concerner toutes les sécrétions que les organismes libèrent dans le monde extérieur. Les gamètes, la salive, le miellat sucré des pucerons, l'encre défensive des pieuvres ou le mucus sécrété par les poissons scalaires pour nourrir leurs petits sont autant d'exemples qu'on pourrait ranger dans la grande catégorie de l'excrétion. Mais dans ce chapitre, on va s'en tenir à une vision plus restreinte de ce terme.

En effet, l'excrétion est aussi définie comme l'élimination par un organisme des substances qui ne lui servent plus, et qu'on regroupe sous le terme d'excreta.

En haut : poulpe diurne (*Octopus cyanea*) crachant son encre

En bas : Scalaire femelle (*Symphysodon* spp) et ses bébés, se nourrissant sur sa peau

À distinguer des sécrétions, qui résultent d'une libération volontaire vers le monde extérieur, pour remplir différents objectifs (sécrétion de phéromones pour communiquer avec des congénères, de parfums pour attirer les pollinisateurs, etc.). Les exemples donnés il y a quelques lignes rentrent tous dans cette seconde catégorie, alors que nous allons nous concentrer sur la première.

Ceci dit, la distinction entre excrétion et sécrétion n'est pas toujours évidente en pratique. De nombreux excreta jouent quand même des rôles après leur évacuation, ne serait-ce qu'en signalant la présence de l'individu qui les a produits. Selon les espèces et les substances, la frontière est parfois floue.

Chaque fonction du métabolisme produit ses propres déchets, plus ou moins discrets : le dioxyde de carbone passe plutôt inaperçu, alors que c'est un déchet de la respiration des organismes qui est très commun et très abondant (mais inodore). Les excreta ayant des textures ou des parfums écœurants sont plus faciles à identifier. Réjouissez-vous, c'est le moment pipi caca du livre !

Le beau caca que voilà

Une partie des êtres vivants produit des déchets particuliers au cours de sa digestion, qui sont éliminés sous forme d'étrons, c'est-à-dire de blocs solides et moulés. Ce sont des agglomérats de tout ce qui n'a pas été absorbé dans le système digestif. Ils sortent tantôt par l'anus, tantôt par un cloaque (chez les oiseaux et les reptiles). Et si avoir une entrée et une sortie est une règle quasiment universelle dans le monde vivant, mise en place très tôt dans l'évolution, certains font preuve

LE BON ET LE MAUVAIS CACA

Les intestins sont peuplés de bactéries, qui passent dans les excréments. Y compris celles qui provoquent des maladies, comme *Vibrio cholerae*, responsable du choléra. Mais le caca peut aussi servir de défense. Par exemple, pour éviter les infections (et se rafraîchir en été), les vautours d'Amérique se défèquent sur les pattes. Ça empêche les bactéries présentes sur les cadavres dont ils se nourrissent de s'installer sur leurs griffes, le terrain étant déjà occupé.

L'urubu noir (*Coragyps atratus*), un petit vautour américain

d'originalité. Quand il n'y a qu'un trou, évidemment les déchets ressortent par le même endroit que celui où ils sont entrés : c'est le cas de l'oursin, par exemple.

Cténophore (*Mnemiopsis leidyi*)

Le bombyx du mûrier (papillon connu pour la production de soie de sa chenille) passe si peu de temps sous sa forme adulte qu'il perd son système digestif pendant la métamorphose. Plus de bouche, plus d'alimentation, donc... plus de caca. Un cténophore, cousin de la méduse, fait quant à lui apparaître un anus transitoire pour évacuer ses déchets ! Plus fort encore, les vers du genre *Ramisyllis* peuvent posséder un corps ramifié, dont chaque extrémité se termine par son propre anus. Il existe donc dans les océans des organismes avec... des dizaines d'anus.

Ver ramifié *Ramisyllis*

En tout cas, le moins qu'on puisse dire c'est que le sujet des étrons déchaîne les passions, puisqu'il en existe carrément des classifications. L'échelle de Bristol range par exemple les cacas humains en sept types, qui permettent de savoir si tout se passe normalement dans le système digestif. La couleur et la texture des excréments sont largement déterminées par les déchets qui y sont évacués, et ces derniers ne viennent pas que de l'alimentation. Bactéries mortes de l'intestin et pigments colorés issus de la dégradation de l'hémoglobine (voir p. 52) s'invitent dans les déjections et contribuent à leur donner leur parfum si subtil.

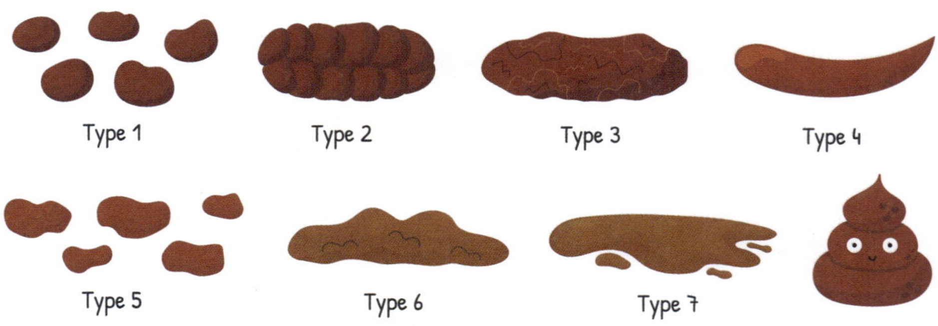

Échelle de Bristol

LE PLUS GROS CACA DU MONDE

Certains collectionnent les timbres et d'autres... les fossiles d'excréments, que l'on appelle des coprolithes. Le plus gros caca humain fossilisé du monde a été produit par un viking qui vivait au neuvième siècle, et un musée américain (le « Poozeum » - *Poo* signifiant « caca » en anglais) possède le plus gros coprolithe de tyrannosaure. Si le premier mesure 20 cm de long et 5 cm de diamètre, le deuxième fait 44 cm de long pour 16 cm de large. Allez, disons qu'en faisant un rapport de taille, l'excrément viking mériterait tout de même une médaille... de bronze ?

Chaque crotte donne tout un tas d'informations sur les derniers repas de l'organisme l'ayant produite, et les naturalistes se servent des excréments pour inventorier et tracer les animaux dans la nature.

Certains sont d'ailleurs connus pour leurs comportements de défécation… étranges. Les paresseux, par exemple, ne font caca qu'au sol, ce qui les rend très vulnérables aux attaques de prédateurs. Alors pour minimiser les risques, ils ne font caca qu'une fois par semaine. En une seule défécation, ils peuvent perdre la moitié de leur poids ! Les pandas, qui ingurgitent plusieurs dizaines de kilos de nourriture par jour, peuvent excréter plus de 20 kg de crottes quotidiennement ! Et que dire du wombat, qui a des étrons si secs et compacts qu'ils sont moulés en forme de cubes (ou presque) par ses intestins ? Cette forme leur évite de rouler, ce qui est bien pratique car les crottes ne sont pas que des déchets. Elles servent aussi à attirer les femelles et marquer les territoires ! Les hippopotames font carrément l'hélicoptère avec leur queue quand ils défèquent, ce qui leur permet d'éparpiller leur caca dans toutes les directions pour signaler qu'ils sont chez eux. Les larves de cassides accumulent quant à elles leurs crottes sur leur dos, formant des sculptures protectrices aux formes parfois dissuasives, si bien qu'on les surnomme « scarabées tortues ».

Crottes de wombat

Armure fécale de cassides

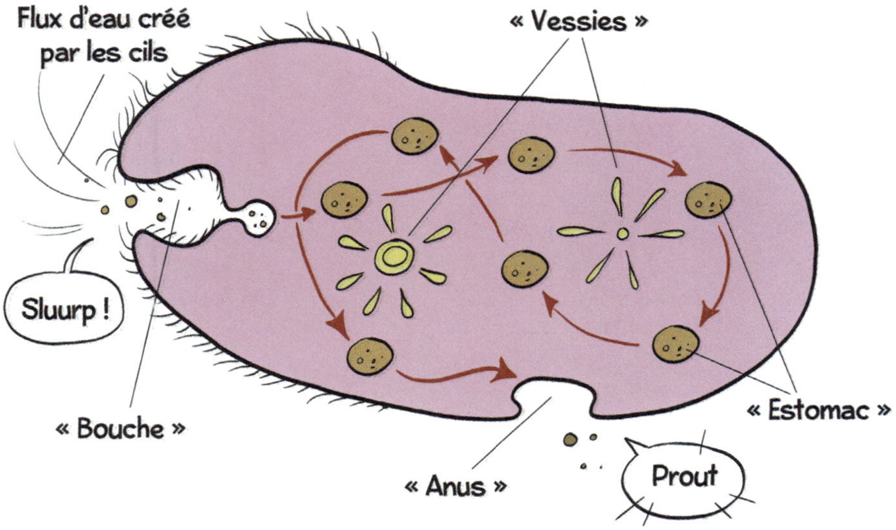

Pétomane recordman

Les alliés incontestés de la digestion sont les micro-organismes qui peuplent les systèmes digestifs du monde vivant. Et eux-mêmes produisent leurs propres déchets ! Certaines bactéries et archées aident les ruminants à assimiler la cellulose des plantes… et transforment littéralement une poche de leur système digestif en usine de fermentation, dans laquelle différents gaz sont produits. Certains sont inodores, comme le diazote, le dioxygène, le dioxyde de carbone ou le méthane

Hoazin (*Opisthocomus hoazin*)

(qui a un fort effet de serre). D'autres sont nauséabonds, comme le sulfure d'hydrogène. C'est aussi lui qui est responsable de l'odeur d'œuf pourri de certains pets humains, notamment après consommation d'aliments riches en soufre comme les œufs ou les plantes de la famille du chou.

Car il faut bien que tout ça sorte ! En cas d'odeur malencontreuse, vous pouvez accuser votre microbiote… Bien qu'il soit incapable de péter, l'hoazin, un oiseau ruminant (oui, vous avez bien lu) d'Amérique du Sud est réputé pour sentir très mauvais du fait des gaz qu'il produit en fermentant les végétaux dans son jabot. Les paresseux non plus ne pètent pas. Le méthane produit par leur flore intestinale passe dans le sang via les intestins avant d'être expulsé… par la respiration !

PÉTER POUR MOINS FLOTTER

Les lamantins consomment l'équivalent du poids d'un humain adulte en végétaux chaque jour. Puis ils ruminent le tout, ce qui génère énormément de gaz. Pour éviter de se mettre à flotter, ils n'ont qu'une seule solution : péter énormément ! Les témoignages décrivent une odeur de chou pourri et de soufre… On vous laisse juger si vous en croisez un !

Pipi et compagnie

Après les solides et les gaz, passons aux liquides ! Pour comprendre l'importance des systèmes d'excrétion dans ce domaine, il faut se souvenir que la concentration de toute molécule tend à s'équilibrer entre deux compartiments voisins (voir p. 52). Problème : certaines substances sont parfois plus concentrées dans l'environnement que ce que le corps peut tolérer en interne. Il faut donc les empêcher de s'accumuler en les évacuant en permanence. Et c'est souvent couplé avec la gestion de la quantité d'eau dans l'organisme.

Sans régulation, les êtres vivants auraient tendance à se gonfler d'eau dans un milieu aquatique, et à se dessécher dans un environnement manquant d'hydratation. Mettez une plante dans un désert sans l'arroser, et ses cellules se videront progressivement de leur eau, devenant flasques, puis sèches. Le sel aussi peut être une source de déshydratation : s'il s'accumule dans l'organisme, il faut le diluer pour l'évacuer, ce qui fait perdre de l'eau. C'est pour ça que boire de l'eau de mer ne permet pas de s'hydrater : le volume de liquide nécessaire pour éliminer le sel est plus important que celui avalé au départ. Profiter de ses urines pour évacuer des déchets, c'est bien pratique. Mais il vaut mieux pouvoir les concentrer avant pour ne pas perdre trop d'eau au passage : à chaque espèce ses spécialités, en fonction des contraintes de son milieu de vie.

~ GLANDES À SEL ~

De nombreux organismes ont développé des structures complémentaires aux systèmes urinaires pour se débarrasser des excès de sel. Des glandes qui filtrent les liquides corporels pour concentrer le sel sont présentes près des yeux ou des narines des tortues, reptiles et oiseaux marins, qui éternuent pour s'en débarrasser. Mais aussi dans le rectum des requins ! Les salicornes et autres plantes de milieux salés, comme les bords de mer et les mangroves, sécrètent parfois des cristaux à partir du sel le long de leurs tiges, ce qui leur donne un petit croquant. Certaines peuvent stocker le sel dans de vieilles feuilles, qui l'emportent en tombant.

Iguane marin des Galapagos (*Amblyrhynchus cristatus*) éternuant du sel

Les systèmes urinaires sont donc finement régulés pour ajuster au mieux la quantité de liquide et la concentration des molécules à évacuer. Et les façons de faire sont nombreuses ! Des protistes se contractent localement pour rejeter les déchets, les mammifères utilisent des organes complexes comme les reins, les insectes possèdent des tubules qui permettent de filtrer les liquides… Chacun sa méthode.

En plus des substances très présentes dans l'environnement dont il faut éviter l'accumulation, la régulation de l'eau est souvent couplée à l'excrétion de déchets du métabolisme. La dégradation des protéines et des acides aminés produit par exemple de l'ammoniac, très toxique. Les poissons l'évacuent directement dans le milieu, et il se dilue rapidement dans l'eau. Les mammifères et les amphibiens le transforment en urée dans le foie, tandis que les reptiles, les oiseaux et les insectes le convertissent en acide urique. Ces déchets particuliers sortent par le système urinaire, sauf chez quelques originaux comme la tortue à carapace molle de Chine, qui excrète son urée par… la bouche ! Les mammifères et les oiseaux sont les seuls vertébrés qui peuvent fortement concentrer leurs déchets azotés grâce à leurs reins, des organes filtrants qui leur sont propres. Cela leur permet de perdre le moins d'eau possible, ce qui est pratique quand on vit dans un milieu sec !

~ LE PIPI, ÇA SERT ! ~

Chez de nombreux animaux, l'urine n'a pas seulement une fonction d'excrétion… Elle sert aussi à communiquer ! Beaucoup s'en servent pour marquer leur territoire, notamment les félins (domestiques ou non), mais ça va parfois beaucoup plus loin : le porc-épic arrose sa femelle d'urine pour lui faire connaître ses intentions au moment de la reproduction. Chacun sa vision du glamour…

Tortue à carapace molle de Chine (*Pelodiscus sinensis*)

Déchets métaboliques et autres substances toxiques sont finalement envoyés dans un réservoir d'urine, la vessie, à partir de laquelle ils peuvent être éliminés. En moyenne,

un humain évacue 1,5 litre d'urine par jour (c'est-à-dire le volume d'eau qu'il a bu)... Tandis qu'une baleine doit en évacuer plus de 900 ! Une étude très sérieuse a d'ailleurs récemment démontré que peu importe sa taille, un mammifère évacue toujours son urine en 21 secondes chrono ! Dans certains cas, ça fait un sacré débit.

Attention, poison !

Toutes les substances nuisibles venues de l'extérieur ne sont pas rejetées dans les urines, d'autres mécanismes d'excrétion peuvent être mis en place pour se protéger. Les crustacés ou les gastéropodes évacuent par exemple les métaux lourds contenus dans la nourriture ou dans l'eau en les accumulant dans leurs coquilles, sous une forme peu dangereuse pour eux mais gênante pour les prédateurs. La vacuole, un compartiment rempli d'eau présent dans les cellules des plantes et de certains micro-organismes (voir p. 45), est capable d'accumuler des composés toxiques comme des alcaloïdes ou des métaux lourds présents dans l'environnement. Ce stock localisé évite de s'empoisonner et peut même présenter un double avantage en rendant les individus toxiques pour qui aimerait les manger !

Voire un triple avantage, car certaines espèces pourraient être utilisées pour dépolluer les environnements contaminés. Des bactéries mangeuses de pétrole, permettant de détruire directement les polluants, aux plantes capables d'extraire les métaux du sol pour les rendre plus faciles à gérer, les pistes sont nombreuses, mais les applications concrètes encore balbutiantes. Certaines plantes pourraient aussi faciliter l'extraction de métaux rares, en se chargeant de les récupérer dans le sol.

L'ARBRE NICKEL À LA SÈVE BLEUE

Pycnandra acuminata **est un arbre qui pousse sur des terrains tellement riches en nickel que sa sève en devient bleue ! Cette espèce est capable d'emmagasiner les métaux lourds dans des canaux de stockage de latex. Si l'arbre est abîmé ou agressé, le latex toxique rebouche les plaies tout en intoxiquant les envahisseurs.**

Les rejets des uns font le bonheur des autres et, parmi les déchets métaboliques, on retrouve une molécule qui a la côte : l'alcool ! Produite par certains organismes pour récupérer de l'énergie, d'autres la consomment pour le plaisir... Mais elle est toxique pour la plupart du monde vivant. Chez les mammifères, l'alcool est neutralisé dans le foie et évacué dans la bile et les urines. Tandis que le ptilocerque de Low, un petit mammifère tropical, est capable de boire la sève fermentée d'un palmier et de consommer l'équivalent de 12 verres de vin sans sourciller, certains oiseaux comme le jaseur boréal ont besoin de passer plusieurs heures en cellule de dégrisement pour récupérer ! L'abus d'alcool est bel et bien dangereux pour la santé.

Ptilocerque de Low (*Ptilocercus lowii*) Dessin de Joseph Wolf

Jaseur boréal (*Bombycilla garrulus*)

Suer sève et eau

Des plantes aux animaux, beaucoup d'organismes suent. Mélange d'eau, de minéraux et de composés antimicrobiens, la sueur permet d'évacuer des déchets, contribue à la régulation de la concentration en sel des organismes et protège la peau. Celle des chevaux contient même une protéine qui agit comme un savon ! Chez les mammifères, notamment les singes et les humains, suer permet aussi de réguler sa température : lorsque la sueur s'évapore, cela rafraîchit la peau. C'est dû aux propriétés physiques de l'eau et c'est aussi pour cela que les brumisateurs soulagent en cas de forte chaleur.

Chez les plantes, l'évapotranspiration permet d'évacuer l'eau sous forme gazeuse au niveau des feuilles, tirant ainsi l'eau vers le haut de la tige. La vapeur d'eau peut passer par les stomates (voir p. 56) ou par des petits orifices à l'extrémité des feuilles, au niveau desquels des gouttes se forment parfois. On appelle ça la guttation, et ce phénomène pourrait avoir un rôle de défense pour la plante, piégeant des pathogènes pour éviter qu'ils ne rentrent dans la plante par ses ouvertures vers l'extérieur.

Phénomène de guttation chez la sanguisorbe (*Sanguisorba officinalis*)

LA SUEUR, ÇA SENT MAUVAIS ?

Attention, toute excrétion n'a pas forcément une odeur nauséabonde ! La sueur est naturellement inodore, car elle est composée d'eau et de quelques minéraux. C'est encore une fois la faute des micro-organismes si ça se met à sentir ! Les bactéries de la peau grignotent la sueur et l'odeur vient en fait de leur digestion. Elle change donc selon le microbiote de chacun. Ces bactéries peuvent parfois colorer la sueur en rose, brun, noir… et même bleu !

Sans règle et sans reproche

Si on y réfléchit bien, les menstruations des mammifères sont aussi un excreta : elles correspondent à l'évacuation de l'endomètre, un tissu développé pour accueillir un embryon, mais qui n'a pas servi faute de fécondation. Ce processus engendre beaucoup de gaspillage d'énergie pour les femelles qui ont des règles et n'est vraiment pas optimal. C'est peut-être pour ça qu'une dizaine d'espèces seulement sont connues pour avoir des menstruations : l'humain, certains chimpanzés, quelques chauves-souris, les musaraignes à trompes ou les souris épineuses… Les autres sont épargnées !

Le sang menstruel a longtemps été considéré par les humains comme un déchet particulièrement répugnant (au point qu'ils le remplacent par un liquide bleu dans leurs publicités). Au-delà des changements de société qui remettent les choses en perspective, des chercheurs commencent à regarder ce fluide corporel autrement car ils se sont rendu compte qu'il contient des cellules souches, habituellement compliquées à récupérer ! Cet excreta serait-il un futur Graal pour la médecine ?

En parlant de cellules, toutes sécrètent de nombreuses molécules à leur surface, entre autres pour évacuer des déchets. Cela passe par un mécanisme appelé exocytose, qui est un peu le contraire de la phagocytose (voir p. 65). Les déchets sont stockés dans de petites poches de gras, dans lesquelles les molécules sont parfois dégradées, et qui sont acheminées vers l'extérieur pour faire le ménage : les cellules aussi sortent leurs poubelles !

Tous à la brocante !

Ce n'est pas parce qu'un objet est abîmé qu'il n'a plus d'utilité et il est parfois possible d'exploiter des choses qui ressemblent pourtant à des déchets. Les lapins, les chinchillas ou les koalas, qui se nourrissent de plantes pas faciles à digérer, font ainsi subir deux cycles de digestion à leur nourriture. Autrement dit : ils mangent leurs cacas. Ou plus exactement ceux issus du premier passage dans le tube digestif et dans lesquels il y a encore des ressources à récupérer, les cæcotrophes. À chacun sa façon de minimiser les pertes !

À l'échelle cellulaire, les choses sont poussées encore plus loin. En effet, différents mécanismes permettent de démonter certains composants des cellules pour récupérer la matière correspondante et reconstruire autre chose avec. C'est un peu de l'auto-cannibalisme, bien pratique en cas de situation difficile (comme les métamorphoses, pendant lesquelles les chenilles n'ont plus accès à des ressources extérieures) mais pas seulement.

Ces processus permettent aussi de contrôler la qualité des composants cellulaires et de les détruire pour les recycler lorsqu'ils s'abîment. Vos cellules maîtrisent très bien le concept d'économie circulaire ! Par ailleurs, ce n'est pas parce que quelque chose vous paraît inutile que tout le monde sera du même avis. L'exemple le plus frappant est sans doute celui de l'oxygène, aujourd'hui indispensable à la vie de nombreux organismes, mais qui était avant tout un déchet de la photosynthèse ! Et à l'inverse, le CO_2, qui est un déchet de la respiration, permet d'alimenter la photosynthèse. L'union fait la force !

Alimentation, excrétion et ainsi de suite : la boucle est bouclée ! Les êtres vivants rivalisent d'ingéniosité pour éliminer tout ce dont ils n'ont pas besoin ou qui pourrait leur nuire sans perdre de précieuses ressources au passage, mais aussi pour exploiter les déchets des autres, susceptibles de constituer des sources de matière et d'énergie exploitables.

Alors, d'après vous, qui la gagne, cette battle de l'excrétion ?

GAZ
SUEUR
EVAPO
TRANSPIRATION
EXCRÉMENTS
URINE
AMMONIAQUE
MENSTR
ATIONS
MÉTAU
LOURD
ALCA
LOÏDES

Tout le monde se bouge

Qui nage le plus vite, un dauphin ou un spermatozoïde ?

Votre plante de bureau qui s'acharne à pousser en direction de la fenêtre, le vol majestueux d'un rapace ou les minuscules créatures qui grouillent dans chaque goutte d'eau soulignent le lien entre vivant et mouvement. Il faut dire que bouger, c'est bien pratique pour se nourrir, se protéger ou se reproduire ! Chacun à sa façon et à son rythme, en autonomie ou en profitant d'éléments extérieurs comme le vent, tous les êtres vivants se déplacent. Mais qui s'y prend de la façon la plus originale ? Qui est le plus performant ?

La battle de la locomotion est déclarée ouverte !

Bon vent !

Il faut bien reconnaître qu'il y a des organismes pour lesquels les déplacements ne sont pas envisageables. C'est notamment le cas des plantes à graines, contraintes de vivre à l'endroit où elles ont germé. Mais elles ont contourné le problème en profitant de leur reproduction pour coloniser de nouveaux territoires. Ce sont de vraies expertes dans la dissémination de leur progéniture ! Certaines se débrouillent elles-mêmes et possèdent des gousses capables de projeter les graines au loin. D'autres profitent des animaux, humains compris, qui peuvent manger les fruits contenant les graines ou qui les transportent, volontairement ou non. De nombreuses espèces misent quant à elles sur l'eau ou le vent comme assistants.

Les petits parachutes des pissenlits, sur lesquels les enfants aiment souffler et que les botanistes appellent des pappus, servent justement à transporter le plus loin possible les graines auxquelles ils sont associés. Un cas particulièrement extrême de dispersion par le vent a été rendu célèbre par les westerns : les tumbleweeds, ces boules broussailleuses traversant des paysages désolés, sont en fait des buissons entiers qui sèchent et se laissent porter pour disséminer jusqu'à 200 000 graines chacun.

Tumbleweed
(*Kali tragus*)

En fait, la reproduction est l'occasion de se déplacer pour de nombreux organismes : les spores des mousses, des fougères, des champignons et de certains protistes profitent aussi des éléments pour s'éloigner autant que possible de leurs parents. Du côté des animaux, c'est surtout dans le milieu marin que certains passent leur vie fixés

au même endroit, notamment des mollusques (huître, moule…) et des crustacés (balane, pouce-pied…). Ils misent sur leurs larves, souvent très différentes des adultes, pour vadrouiller. Selon les espèces, celles-ci sont portées par les courants ou capables de nager, et peuvent parcourir de grandes distances avant de s'installer à leur tour.

Y a pas d'urgence…

Choisir de tout miser sur un moment précis de son cycle de vie est une façon de se débrouiller pour les organismes aux mouvements limités. Mais ce n'est pas la seule ! Certains optent pour une stratégie moins spectaculaire, mais tout de même efficace : prendre leur temps. Et oui, certaines espèces paraissent immobiles pour un observateur humain simplement parce que leurs mouvements sont très lents : un lichen qui ne grandit que de quelques millimètres par an peut, en plusieurs millénaires, conquérir de vastes territoires… Mais forcément, ça ne saute pas aux yeux !

ÉTERNUER AU RALENTI

Si de la poussière vous chatouille le nez, vous éternuez pour la repousser. Certaines éponges de mer font la même chose quand on ajoute de l'encre dans leur eau : elles se dilatent puis se contractent pour expulser les particules non comestibles. Mais il ne faut pas être pressé, ça leur prend plusieurs dizaines de minutes.

Vue du réseau sous-terrain d'un champignon de Paris (*Agaricus bisporus*)

Racines aérienne du palmier marcheur (*Socratea exorrhiza*), parfois appelées échasses

Certains de ces déplacements tranquilles sont encore plus difficiles à observer parce qu'ils sont souterrains. Ainsi, les réseaux filamenteux des champignons ou les rhizomes traçants des bambous progressent discrètement mais permettent à de nouvelles structures de sortir de terre un peu plus loin que les précédentes. D'autres espèces s'organisent en plein jour, comme *Socratea exorrhiza,* un « palmier marcheur » originaire d'Amérique. Il peut orienter la croissance de ses racines et en abandonner certaines pour déplacer son tronc dans la direction la plus lumineuse, voire, en cas de chute, refaire de nouvelles racines à l'autre bout de son tronc pour se redresser un peu plus loin.

MYSTÉRIEUSES SOURIS…

Entre l'absence de sol et la température très froide, la surface des glaciers est un milieu particulièrement hostile. Pourtant, certaines espèces de mousses arrivent à y pousser, formant de petites boules appelées « souris de glacier ». Celles-ci se déplacent de 2,5 cm par jour en moyenne… Mais on ne sait pas comment ! Vent, pente, fonte de la glace : plusieurs hypothèses ont été testées, sans succès pour l'instant.

Avec suffisamment de temps, même les espèces les plus immobiles en apparence peuvent donc se déplacer. Dans le vivant, tout le monde se bouge !

Chacun son style

Du côté des animaux, on exagérerait à peine en disant que chaque espèce a sa propre façon de bouger, qui doit être adaptée au milieu de vie : dans l'air il faut lutter contre la gravité, dans l'eau il faut gérer beaucoup de friction et de résistance.

Deux grandes approches reviennent quel que soit le contexte : certains animaux se déplacent en utilisant des membres (pattes, nageoires, ailes et autres appendices), on parle alors de locomotion appendiculaire, tandis que d'autres mobilisent tout leur corps. Cette locomotion, qualifiée d'axiale, correspond à la reptation des serpents mais aussi aux ondulations de nombreux animaux marins (comme les murènes), pourtant munis de nageoires mais qui servent parfois plus à la stabilisation qu'à la propulsion. Fun fact : les poissons ondulent plutôt latéralement, de droite à gauche, alors que les mammifères marins ondulent plutôt verticalement, de haut en bas ! Évidemment, il y a des petits malins qui combinent locomotions appendiculaire et axiale, notamment les espèces qui passent d'un milieu à l'autre : les crocodiles et leurs cousins (dont les iguanes) peuvent par exemple utiliser leurs pattes pour marcher sur le sol, mais nagent en faisant onduler leur queue.

Iguane nageant à l'aide de sa queue

Malgré cette diversité, la locomotion de tous les animaux repose sur un même principe : la mise en mouvement d'un squelette par des muscles. Les squelettes sont des structures de soutien qui peuvent être plus ou moins articulées et prendre trois grandes formes différentes. Les endosquelettes sont rigides et situés à l'intérieur de l'organisme, généralement composés d'os ou de cartilage (dans le cas des requins et des raies). Les exosquelettes, également rigides, se trouvent quant à eux à l'extérieur du corps. Les coquilles des mollusques et les cuticules des arthropodes (insectes, arachnides, crustacés et mille-pattes) rentrent dans cette catégorie. Enfin, des originaux possèdent des squelettes déformables sous

Faucon et son endosquelette

Homard et son exosquelette

la forme de cavités internes pleines de liquide, plus ou moins rigides selon leur niveau de remplissage. On parle alors d'hydrosquelette.

Moins connus que les endo et exosquelettes, les hydrosquelettes sont pourtant très répandus chez les invertébrés à corps mou, qu'ils soient terrestres ou aquatiques. On en trouve aussi bien chez les méduses que chez les vers de terre ! Et, une fois de plus, certains animaux se paient le luxe de combiner plusieurs types de squelettes. Les étoiles de mer ont à la fois un endosquelette (de calcite) qui structure leur organisme et un hydrosquelette qui leur permet de se déplacer en formant plein de petits pieds, les podia… sous leurs bras. Les mollusques sont protégés par leur coquille, mais leur partie molle est mobile grâce à son hydrosquelette. Ça en fait, des possibilités !

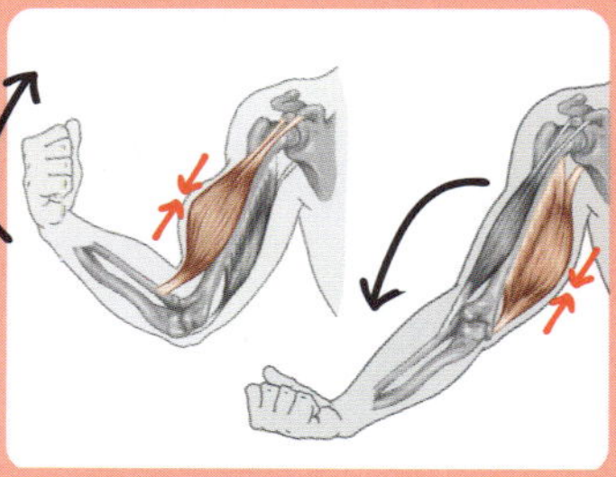

ROULER DES MÉCANIQUES

La structure des muscles varie selon les espèces, mais on retrouve des points communs dans leur organisation. Chez les vertébrés et les arthropodes, ils fonctionnent par paires au niveau de chaque articulation. Quand l'un des muscles se contracte (en rouge), donc se raccourcit, il tire l'articulation vers lui (c'est ce que fait votre biceps pour plier votre coude tandis que le muscle opposé se relâche pour permettre le mouvement). Il suffit d'inverser ces rôles pour faire bouger l'articulation dans l'autre sens.

Courir, voler, sauter, nager…

Ce principe fondamental de muscles tirant sur un squelette permet une énorme gamme de mouvements répondant à des besoins différents : parfois il faut aller vite, parfois il faut aller loin, parfois il faut se déplacer longtemps, parfois il faut économiser son énergie…

Se déplacer sur terre implique de s'appuyer sur le sol pour se propulser. Une façon de faire consiste à se traîner, en produisant un mucus lubrifiant pour mieux glisser. C'est la technique des escargots et des limaces : pas très rapide, mais fonctionnelle. Pour gagner en vitesse, il faut se décoller du sol ! Les serpents en sont capables grâce à plusieurs types de contorsions musculaires, qui leur permettent de prendre appui alternativement sur différentes parties de leur corps, mais la majorité des animaux peuvent compter sur leurs pattes. De deux à plusieurs centaines (le premier vrai « mille-patte » n'a été décrit qu'en 2021 et possède 1306 pattes !), ces appendices permettent de réduire la surface en contact avec le sol, donc les frottements qui ralentissent les mouvements. Globalement : plus de pattes offrent plus de stabilité, moins de pattes permettent plus de vitesse.

Eumillipes persephone, un vrai « mille-patte »

Avec une propulsion suffisante, il est possible de se détacher complètement du sol le temps d'une foulée de course ou d'un saut ! Les grenouilles maîtrisent bien cette technique, même si certaines ont des compétences… discutables. Celles du genre *Brachycephalus* mesurent moins d'un centimètre et font partie des plus petits vertébrés, ce qui a un inconvénient : leur oreille interne est trop petite pour fonctionner normalement et leur permettre d'analyser leur position en cours de saut. Elles gèrent le décollage, mais une fois en l'air elles se rigidifient, étendent leurs pattes et attendent de s'être lamentablement vautrées au sol pour reprendre leurs déplacements. À l'inverse, les champions du saut sont à chercher du côté des insectes : pas très gros au départ, certains peuvent sauter à plus de 100 fois la taille de leur corps, aussi bien en hauteur qu'en longueur ! Proportionnellement, c'est beaucoup plus impressionnant que la douzaine de mètres de longueur atteinte par certains kangourous, antilopes ou grands félins.

MERCI LA PHYSIQUE

Les humains qui salent les routes pour les faire dégeler ne sont pas les seuls animaux à utiliser des phénomènes physiques pour se déplacer plus efficacement ! Des insectes profitent de la tension de surface pour marcher sur l'eau (comme les gerris), les araignées *Carparachne aureoflava* replient leurs pattes pour se transformer en petites roues et s'enfuir en dévalant les dunes de Namibie, et l'attraction par l'électricité statique semble permettre aux vers parasites *Steinernema carpocapsae* de mieux sauter sur leurs victimes…

Dans l'eau, il y a deux approches pour se déplacer. La plus évidente consiste à nager, c'est-à-dire à prendre appui sur l'eau pour avancer. Nageoire, pattes, ondulations diverses : les façons de faire ne manquent pas. Et certains organismes sous-marins, comme les crinoïdes, pourraient inspirer des aliens plus originaux que des petits bonhommes verts ! Une autre stratégie revient à se propulser un peu comme les fusées, en éjectant de l'eau pour se déplacer dans la direction opposée. C'est ce que font les pieuvres, en projetant de l'eau par leur siphon (voir p. 54), mais aussi certains coquillages comme les Saint Jacques, qui éjectent de l'eau en claquant rapidement leurs coquilles pour faire des bonds assez étonnants.

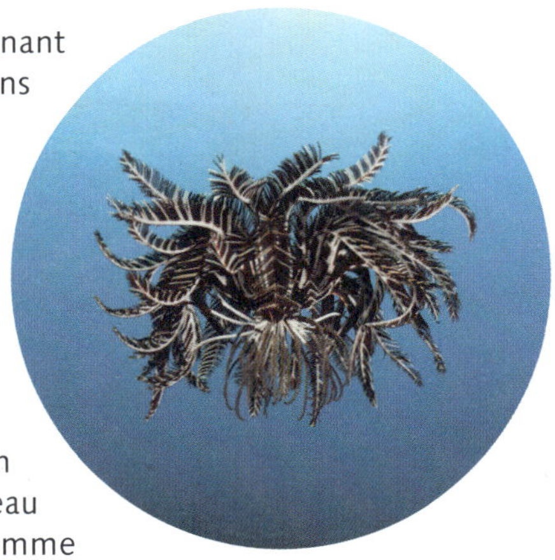

Crinoïde du genre *Comantheria*

Enfin, dans l'air, il n'y a pas beaucoup d'options : il faut réussir à prendre suffisamment appui sur l'air pour ne pas tomber, ou au moins pas trop vite. L'idéal est donc de ne pas peser trop lourd et de posséder de grandes surfaces à étendre pour servir de parachutes naturels. De grands lambeaux de peau permettent ainsi à certains animaux de planer. En version mignonne pour les écureuils volants, ou tout droit sortie d'un film d'espionnage à gadgets pour certaines grenouilles. Le vol, qui consiste à se maintenir activement dans l'air, est de son côté apparu quatre fois de façon indépendante au

Écureuil volant petit polatouche (*Glaucomys volans*)

Grenouille volante de Wallace (*Rhacophorus nigropalmatus*)

cours de l'évolution, chez les insectes et trois types de vertébrés : les oiseaux, les chauves-souris et les ptérosaures, des reptiles disparus il y a 65 millions d'années. Tous possèdent (ou possédaient) des ailes, c'est-à-dire des surfaces étendues aux structures différentes mais capables de battre pour assurer une propulsion. Et ici aussi les insectes détiennent un record : certaines espèces peuvent battre des ailes plus de 1000 fois par seconde !

À FOND !

Les animaux capables des pointes de vitesse les plus impressionnantes sont tous des prédateurs : les guépards peuvent dépasser les 100 km/h, les faucons pèlerins flirtent avec les 400 km/h et, dans l'eau, qui ralentit les déplacements, l'espadon et certains de ses cousins atteignent les 120 km/h. Ils ne tiennent pas ces vitesses dans la durée, mais ça aide de sprinter pour attraper une proie. Ceci dit, proportionnellement à leur taille, on verra que d'autres organismes font encore mieux…

PARCOURIR LA TERRE ENTIÈRE

En 2021, les papillons Belle-dame ont détrôné les Monarques sur le podium des insectes ayant le plus long circuit de migration régulière, avec une boucle de 12 000 à 14 000 km entre l'Afrique sub-saharienne et la Scandinavie. Mais ils trichent : 6 à 8 générations se relaient au fil du parcours (et on se demande toujours comment chacune sait où aller). Côté oiseaux, une barge rousse a battu le précédent record en parcourant 13 560 km entre l'Alaska et la Tanzanie en 2022... en 11 jours et sans se poser ! Dans l'eau, le trajet le plus long suivi par un traceur GPS est celui d'une tortue caouanne : relâchée par un aquarium d'Afrique du Sud fin 2017, elle est arrivée en Australie 26 mois et 37 000 km plus tard. Ce n'est pas un hasard si tous ces records sont récents : suivre les déplacements d'animaux n'est pas évident et les progrès technologiques, dont la miniaturisation des appareils de localisation, aident beaucoup. Il y a de bonnes chances pour que ce podium continue de bouger !

Papillon Belle-dame (*Vanessa cardui*)

Tortue caouanne (*Caretta caretta*)

Barge rousse (*Limosa lapponica*)

Un squelette moléculaire

Derrière cette énorme diversité de modes de déplacement, il y a toujours des muscles qui tirent sur un squelette. Et si ces muscles sont le propre des animaux, les mécanismes qui leur permettent de se contracter sont impliqués dans le mouvement de nombreux autres eucaryotes. Zoomons un peu pour mieux comprendre tout ça !

À son échelle, chaque cellule eucaryote possède aussi un squelette, qu'on appelle le cytosquelette. Celui-ci est composé de protéines et joue à peu près le même rôle qu'un squelette classique : il maintient la structure des cellules (forme, organisation interne...) et permet des mouvements (des cellules elles-mêmes ou de certains éléments qu'elles contiennent). Ce cytosquelette regroupe trois catégories de protéines qui jouent des rôles complémentaires. Les filaments intermédiaires peuvent être composés de nombreuses protéines différentes, dont la kératine, et forment des sortes de cordes moléculaires souples et robustes. Ils servent d'armature aux cellules et les mouvements sont dus aux deux autres structures du cytosquelette : les microtubules, de minuscules cylindres creux, et les microfilaments d'actine qui, comme leur nom l'indique, sont des filaments assez fins formés d'une protéine qui s'appelle l'actine.

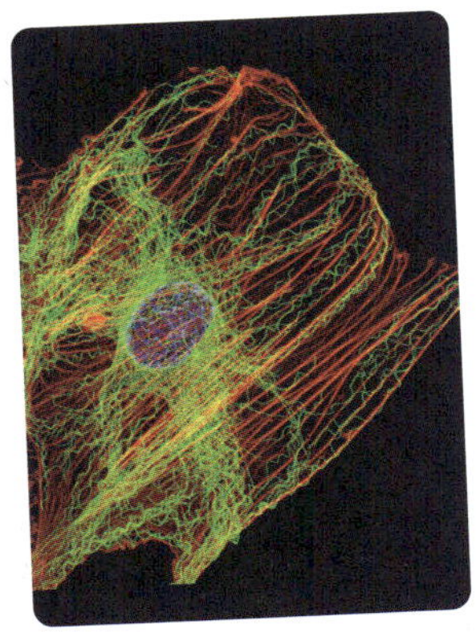

Visualisation du cytosquelette d'une cellule humaine. Les microfilaments d'actine sont en rouge, les microtubules en vert.

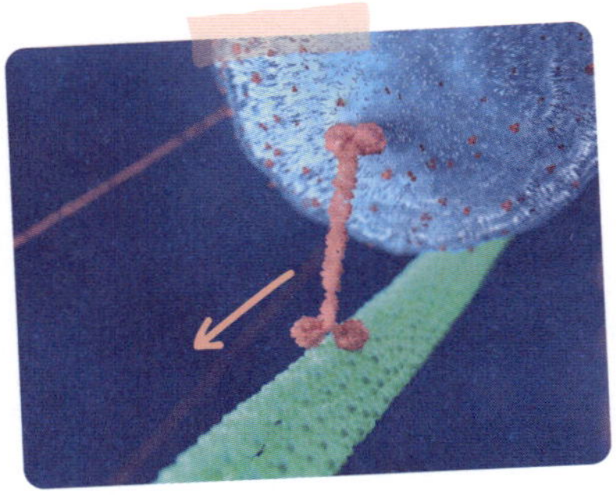

Illustration d'un moteur moléculaire sur un microtubule

Les microtubules et les microfilaments sont très dynamiques : ils sont sans cesse en train de s'allonger ou de raccourcir dans les cellules. Et ils peuvent être parcourus par d'autres protéines, les moteurs moléculaires, qui sont des mini-véhicules capables d'emprunter uniquement un type de route et dans un seul sens. Ces transporteurs peuvent embarquer des éléments pour les déplacer dans les cellules : les neurotransmetteurs sont par exemple tractés le long des microtubules dans les neurones, alors que les chloroplastes sont tirés le long des filaments d'actine dans les cellules végétales. Et c'est cette coopération entre le cytosquelette et les protéines qui s'y déplacent qui permet la contraction musculaire !

3, 2, 1... Tirez !

Les cellules musculaires qui composent votre biceps sont très longues, à peu près autant que le muscle dont elles font partie, c'est-à-dire une vingtaine de centimètres. Mais si on les regardait au microscope, on verrait qu'elles sont composées d'un même motif mesurant seulement quelques micromètres de longueur et répété de nombreuses fois. Il s'agit d'un assemblage de filaments d'actine autour de bouquets de moteurs moléculaires, dont dépassent des structures capables de s'accrocher sur l'actine. Chaque fois que vous pliez votre bras, les moteurs moléculaires se fixent sur l'actine et tirent tous ensemble, faisant raccourcir le muscle d'environ 10 nanomètres (ou millionièmes de millimètre) chacun.

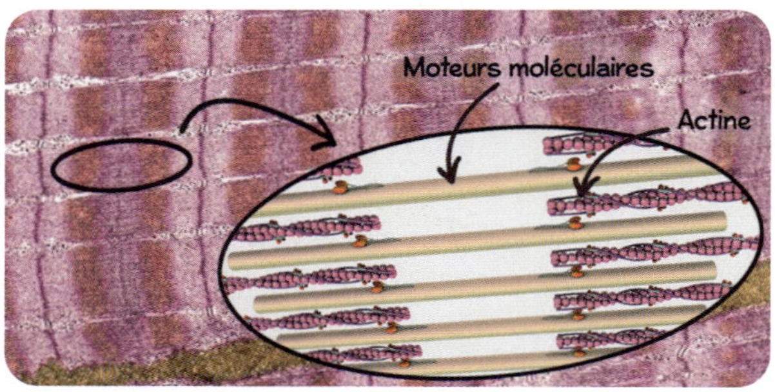

Intérieur d'une cellule musculaire vu au microscope

Répétés de nombreuses fois tout le long de vos cellules, ces mouvements infimes du cytosquelette finissent par suffisamment contracter votre muscle pour tirer sur vos os et plier votre bras ! Il se passe la même chose dans vos jambes : quand vous vous déplacez en marchant ou en courant, c'est grâce aux mouvements nanométriques de votre cytosquelette musculaire. Impressionnant, non ? Ces mouvements moléculaires demandent beaucoup d'énergie, principalement sous forme d'ATP (voir p. 58). C'est pour ça que la respiration s'accélère avec l'effort physique : récupérer plus d'oxygène permet d'alimenter les réactions chimiques des mitochondries pour produire plus d'énergie à l'échelle cellulaire ! Mais ce n'est qu'une des façons dont l'actine permet à un organisme de se déplacer. De nombreux eucaryotes unicellulaires et certaines autres cellules l'utilisent pour… ramper.

Des amibes aux globules blancs, il y a de nombreuses variations mais le principe général reste le même : les microfilaments s'allongent d'un côté de la cellule et lui permettent de former des avancées, qui s'accrochent à leur environnement. Puis le reste de la cellule est tiré jusqu'à cette nouvelle position, toujours grâce au cytosquelette, et ainsi de suite. Un processus qui n'est pas sans rappeler le mouvement de certaines chenilles, mais à une échelle beaucoup plus petite !

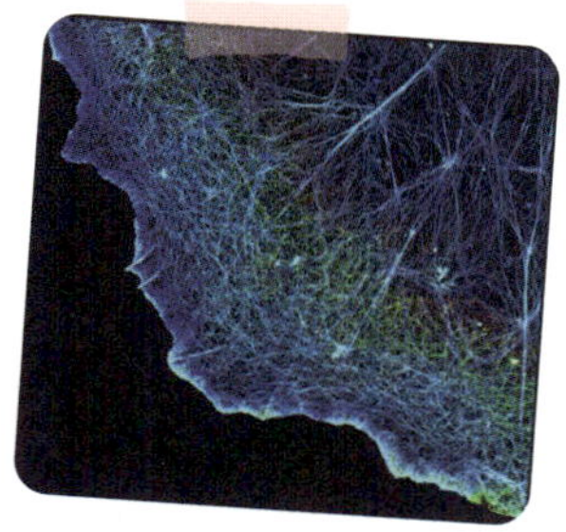

Vue au microscope du réseau d'actine à l'avant d'une cellule conjonctive en train de ramper

CECI EST UN DÉTOURNEMENT !

Lorsqu'elles sont ingérées par les humains et certains animaux, les bactéries de l'espèce *Listeria monocytogenes* peuvent provoquer la listériose, une maladie potentiellement mortelle entraînant des fausses couches. Une fois rentrées dans les cellules de l'intestin, elles se déplacent d'une façon originale : elles déclenchent l'assemblage de filaments d'actine, qui les propulsent comme autant de fusées microscopiques. Un moyen de locomotion esthétique et redoutable, qui leur permet de foncer directement d'une cellule à l'autre.

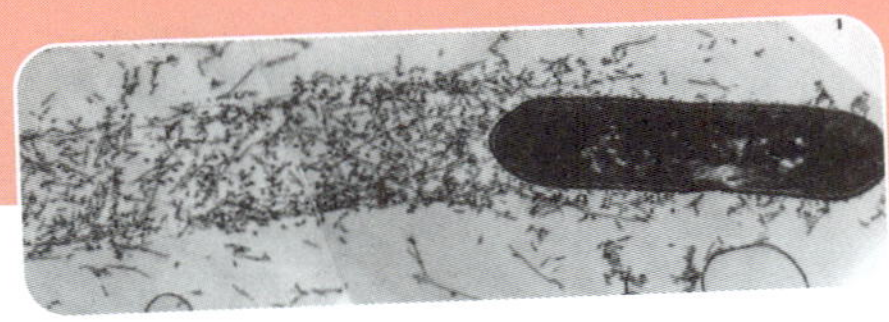

Chacun ses rames

De leur côté, les microtubules permettent une autre forme de mouvement : ce sont les principaux constituants des cils et flagelles des cellules eucaryotes ! En effet, ceux-ci sont des assemblages de microtubules, reliés par des moteurs moléculaires et recouverts par la membrane cellulaire. S'ils ont la même structure, les cils sont plus courts que les flagelles et servent généralement à faire bouger le milieu autour des cellules via des battements synchronisés (dans votre trachée ou vos bronches, par exemple), ou à percevoir les changements du milieu (notamment dans vos oreilles). De leur côté, les flagelles permettent à des cellules de se déplacer lorsqu'ils ondulent. Cette ondulation est provoquée par des mouvements des microtubules, qui coulissent les uns par rapport aux autres et permettent au flagelle de se courber dans un sens puis dans l'autre, ce qui propulse les cellules d'une façon qui rappelle la nage des poissons !

Cils dans une trachée humaine (fausses couleurs)

Les gamètes de nombreuses espèces se déplacent grâce à des flagelles, aussi bien chez les animaux que chez certains végétaux comme les mousses et les fougères. Mais c'est surtout chez les unicellulaires que ce

mode de locomotion est répandu ! Certains groupes de protistes comme les choanoflagellés et les ciliés en tirent carrément leurs noms. Et, même si ce n'est pas évident à mesurer parce que les résultats sont influencés par beaucoup de paramètres (température, état de nutrition…), ça semble être une façon assez efficace de se déplacer : parcourir plusieurs dizaines de fois sa longueur en une seule seconde, c'est difficile à imaginer pour un animal, mais pas inhabituel pour un protiste !

Les procaryotes ont aussi des flagelles. Mais si ces structures semblaient similaires à celles des eucaryotes au moment des premières observations, on sait aujourd'hui que les flagelles des bactéries, des archées et des eucaryotes ont en fait des organisations et des fonctionnements très différents. Chez les procaryotes, pas de microtubules à l'horizon ! Ces organismes possèdent un cytosquelette, différent de celui des eucaryotes, mais ce sont d'autres types de protéines qui constituent leurs flagelles. Et ceux-ci tournent comme des hélices au lieu d'onduler, dépassant les 1000 tours par minute pour certaines espèces ! Par ailleurs, les flagelles bactériens tirent leur énergie directement d'une chaîne de réactions aboutissant à un gradient de protons : un fonctionnement comparable à celui de la respiration des mitochondries, sans passer par une monnaie énergétique intermédiaire (voir p. 59). Et ça permet à certaines bactéries de parcourir jusqu'à 150 fois leur taille en une seconde ! Un record d'autant plus impressionnant qu'à leur échelle, l'eau est un environnement visqueux. Essayez-donc de sprinter dans du miel…

LA CRÉATIVITÉ DES INVISIBLES

Plus on étudie les micro-organismes, plus on se rend compte que la diversité de leurs modes de locomotion n'a rien à envier à celle des animaux ! Une publication de 2020 a répertorié pas moins de 18 types de déplacements à l'échelle cellulaire, et la liste n'est sans doute pas exhaustives. Des membranes ondulantes des parabasaliens aux tours façon tire-bouchon des spirochètes, on n'a pas fini d'être surpris !

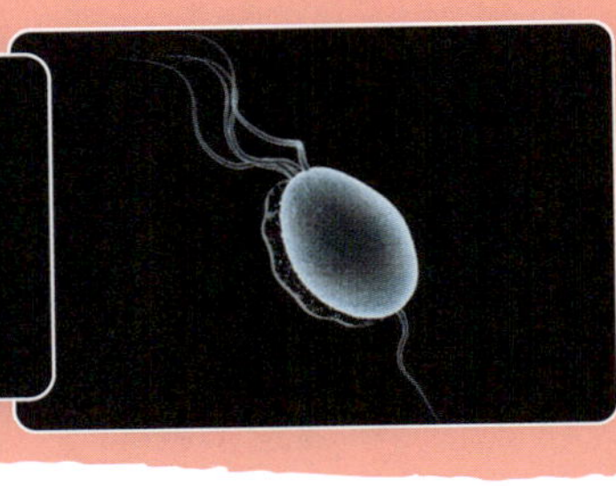

À gauche : Reconstitution 3D de la bactérie spirochète *Treponema pallidum*, responsable de la syphilis

À droite : Reconstitution 3D du parasite parabasalien *Trichomonas vaginalis*

Lentement mais sûrement

En dehors de la dissémination de leurs graines, on pourrait penser qu'il n'y a pas grand-chose à dire sur les mouvements des plantes. Mais ce serait une erreur ! Comme évoqué au début de ce chapitre, certaines sont capables d'orienter leur croissance, les tiges poussant vers le haut et la lumière pour capter un maximum d'énergie, alors que les racines s'enfoncent vers le bas pour récupérer les ressources du sol. Il y a aussi des espèces, comme la vigne, le chèvrefeuille ou le haricot, qui sont capables de former des structures pour s'accrocher à des supports. Ça implique à la fois de percevoir leur environnement, qu'il s'agisse de la lumière, de la gravité ou du contact, et de réagir en conséquence !

Vrille de passiflore

Les mécanismes impliqués dans ces croissances orientées sont différents de ceux dont on a parlé jusqu'ici et reposent sur deux structures propres aux végétaux : la paroi rigide qui entoure leurs cellules et la vacuole, une sorte de poche contenue dans chaque cellule végétale et qui peut être plus ou moins remplie d'eau (voir p. 45). Quand cette vacuole se gonfle, le volume de la cellule augmente jusqu'à occuper tout l'espace disponible à l'intérieur de la paroi, cette dernière empêchant l'ensemble d'éclater. La cellule est alors qualifiée de turgescente. À l'inverse, quand la vacuole se vide, la cellule se dégonfle et, même si la paroi maintient à peu près sa structure, l'ensemble devient flasque. C'est ce qui arrive aux légumes oubliés trop longtemps au frigo, qui finissent par se déshydrater et ramollir.

Quand une plante grandit, des signaux hormonaux peuvent conduire les cellules à se gonfler différemment selon leur localisation : celles du côté ombragé d'une tige vont par exemple être plus turgescentes que celles exposées au soleil, donc s'allonger progressivement, ce qui va automatiquement courber la tige vers la lumière. Les microtubules jouent un rôle dans ce processus car ils influencent la façon dont la cellulose, principal composant de la paroi, se positionne autour de la cellule. Autrement dit, on leur doit la forme globale que prend la paroi, qui détermine ensuite l'impact de la turgescence sur la morphologie de la plante.

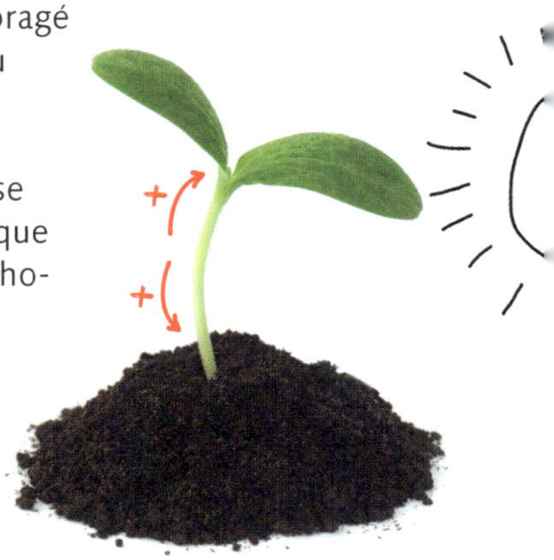

Ce phénomène de gonflement sélectif est aussi à l'œuvre dans la formation des vrilles, qui tournent au fur et à mesure qu'elles poussent... Ainsi que dans des mouvements réversibles parfois spectaculaires !

Et pourtant, elles bougent

Et oui, la mobilité des plantes ne s'arrête pas là. De nombreux végétaux ont des mouvements calés sur l'alternance entre le jour et la nuit, qui peuvent dépendre des changements de lumière, de température voire des deux. L'ouverture et la fermeture des stomates, les petits trous dans les feuilles évoqués page 56 en font partie, ainsi que d'autres changements nettement moins discrets. Certaines fleurs ne s'ouvrent par exemple que le jour ou que la nuit, et les feuilles de certaines plantes n'ont pas du tout la même position selon le moment de la journée : celles des haricots sont plutôt horizontales le jour, ce qui permet de capter la lumière, mais plutôt verticales la nuit, pour limiter les pertes en eau. Les humains ne sont pas très forts pour repérer ces mouvements des feuilles, mais n'hésitez pas à chercher des vidéos accélérées de plantes sur internet : elles bougent de façon indiscutable !

Sensitive
(*Mimosa pudica*)

Comme pour les animaux, ces déplacements se font en tirant sur des articulations (à la base des feuilles ou des fleurs, entre autres). Mais cette fois-ci pas de muscle : c'est toujours une question de cellules plus ou moins gonflées, l'articulation se pliant vers celles qui contiennent le moins d'eau. Et certains de ces mouvements peuvent être rapides, notamment quand il s'agit de se protéger. La sensitive, ou *Mimosa pudica*, peut replier les différentes parties de ses feuilles en quelques secondes grâce à des articulations spéciales placées à leur base (les pulvinus) : quand la plante est touchée, la turgescence des cellules de ses articulations devient asymétrique et elles se plient, de façon réversible !

Les mouvements rapides sont aussi bien pratiques quand il s'agit de chasser. Certaines plantes carnivores comme les dionées ou les utriculaires peuvent refermer leurs pièges en moins d'une seconde ! Plus exactement : quelques dixièmes de seconde pour la dionée et seulement une milliseconde pour l'utriculaire. Des vitesses qui ne sont pas vraiment compatibles avec celle des transports d'eau impliqués dans la turgescence… En fait, ces plantes arment patiemment leurs pièges, les mettant dans une situation de tension telle qu'un petit changement lié à un déplacement d'eau suffit à les relâcher dans un mouvement très rapide, qui ne laisse pas beaucoup de chances aux proies. En contrepartie, la turgescence n'est déclenchée que si la plante détecte plusieurs mouvements suspects : hors de question de dépenser autant d'énergie pour rien.

Dionée attrape mouche
(*Dionaea muscipula*)

Pièges d'utriculaire
(*Utricularia vulgaris*)

Qu'il s'agisse de grandir tranquillement, de survoler des continents ou de frétiller du flagelle, le vivant ne manque pas de ressources quand il s'agit de se déplacer ! Cytosquelette, turgescence ou utilisation judicieuse de l'environnement, chacun s'en sort à sa façon et les records de vitesse ne sont pas forcément là où on les attendrait.

Alors, d'après vous, qui la gagne, cette battle de la locomotion ?

LOCO BRICO
SQUELETTES
RAMPER
MUCUS
MARCHER
MUSCLES
PATTES
• STABILITÉ
• VITESSE
SAUTER
NAGER
ONDULATION
NAGEOIRES
PROPULSION
VOLER
PEAU
PLUMES
TURGESCENCE
ENDO
EXO
HYDRO
CYTO
FLAGELLE
MUSCLE

Œil pour œil et sens pour sens !

Est-ce que les fougères voient la vie en vert ?

Pour effectuer des tâches aussi vitales que chercher sa nourriture, trouver un ou une partenaire, ou éviter de se faire croquer, les êtres vivants ont besoin de percevoir leur environnement. Pour cela, ils sont dotés d'un arsenal de récepteurs qui leur permettent de voir, sentir, goûter, entendre, toucher, etc. Mais pourquoi se limiter à cinq sens quand on peut redoubler d'inventivité ?

La battle de la perception est déclarée ouverte !

Message bien reçu !

Percevoir, c'est avant tout récupérer et décrypter un signal. Que ce soit la couleur éclatante des pétales d'une tulipe, le cri d'alarme tonitruant du merle noir ou les molécules relâchées par une bactérie : il existe des récepteurs pour les capter. Chez certaines espèces, ils sont regroupés dans des organes spécialisés (nez, oreilles…), mais ce n'est pas toujours le cas. Alors que les animaux vertébrés sont munis d'yeux pour capter la lumière, les végétaux peuvent la détecter dans toutes leurs parties, jusque dans les racines !

Une fois l'information recueillie, quelle que soit sa nature (olfactive, visuelle, sonore, tactile…), elle est généralement transformée en signal électrique. Celui-ci circule dans l'organisme jusqu'aux zones chargées de son analyse. Chez les animaux, le transport et le traitement passent par le système nerveux. Ce n'est qu'au bout du parcours qu'apparaissent les sensations, pas au niveau des récepteurs. Et oui, c'est votre cerveau qui crée les odeurs et les images ! Une fois le signal analysé, l'organisme peut réagir de manière adaptée.

Les micro-organismes n'ont pas de système nerveux, l'information est donc traitée directement sur place, ce qui leur permet de s'adapter très vite aux stimulations. Il peut se passer moins d'un cinquième de seconde entre la détection d'une molécule et la modification du mouvement d'une bactérie ! Quant aux plantes, la perception d'un signal est souvent rapide, mais la réponse peut prendre un peu plus de temps.

Chaque être vivant dispose de récepteurs plus ou moins spécialisés qui fonctionnent un peu comme des serrures, activés par autant de stimulations-clés. On peut les classer en plusieurs catégories selon le signal (ou stimulus) perçu : celui-ci peut être de nature chimique (comme les goûts et les odeurs), mécanique (frottements et vibrations) ou électromagnétique (dont les ondes lumineuses).

À CHACUN SON MONDE !

Chaque être vivant vit dans une bulle, un univers perceptif fermé qui lui est propre. Le biologiste allemand Jacob von Uexküll a développé ce concept au début du XXe siècle en désignant le monde perçu par chaque individu comme son *Umwelt* (« environnement » en allemand) et en prenant comme organisme modèle... la tique !

Avoir du goût et du nez

La gustation (perception du goût) et l'olfaction (celle des odeurs) sont les sens les plus répandus au sein du vivant et sans doute les plus anciens. Et comme vous l'avez peut-être expérimenté lors d'un gros rhume, ces deux sensations sont intimement liées. Plus d'odorat et toute la nourriture devient fade ! Ces deux sens reposent sur l'analyse de molécules, volatiles ou solubles, qui sont perçues quand elles entrent en contact avec leurs récepteurs. Ceux-ci sont parfois tellement sensibles qu'ils peuvent être activés par quelques molécules ayant diffusé à partir de leur source d'origine, ce qui donne l'impression d'une perception à distance. Ces sens chimiques sont essentiels : ils permettent de trouver la nourriture et d'en évaluer la qualité (acidité, teneur en sels, sucres, présence de moisissures et autres contaminations à éviter...), de détecter les prédateurs, mais aussi de repérer ses congénères, qu'il s'agisse de concurrents ou de partenaires sexuels potentiels.

MADELEINE DE PROUST

Chez les vertébrés supérieurs, les odeurs et les saveurs activent une zone du cerveau dédiée à la mémoire, ce qui veut dire qu'une senteur peut facilement déclencher un souvenir, ou une réaction si elle est associée à un danger. Il vaut donc mieux avoir du flair !

Chez les vertébrés, l'odorat implique un ensemble de cellules ciliées spécialisées qui tapissent l'intérieur du nez, formant une surface recouverte de mucus. Les molécules odorantes, qui arrivent par le nez mais aussi par la bouche, se dissolvent dans ce mucus avant de se fixer aux récepteurs. Ces derniers sont surtout des protéines, situées à l'extrémité de neurones qui transmettent l'information au bulbe olfactif, la partie du cerveau chargée de l'analyse des odeurs.

Longtemps sous-estimés, les oiseaux, et plus particulièrement les oiseaux marins, comme les mouettes, peuvent détecter l'odeur du zooplancton à plusieurs kilomètres ! Certains animaux, comme les pigeons et les saumons, utilisent même leur odorat pour s'orienter et retrouver leurs nids ou leurs rivières de naissance.

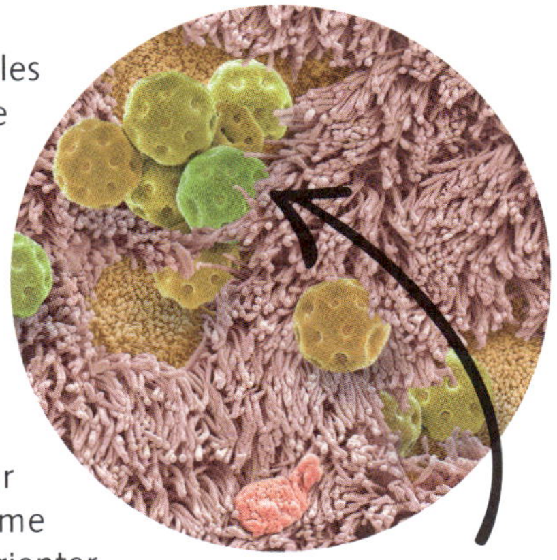

Grains de pollen dans un épithélium nasal (fausses couleurs)

1001 PARFUMS, 1001 RÉCEPTEURS

Chaque récepteur olfactif n'est capable de reconnaître que certaines formes de molécules, mais les parfums sont souvent dus à des mélanges complexes. Celui d'une rose est le résultat de près de 275 composants ! Le nez humain pourrait détecter pas moins d'un trillion (un milliard de milliards) de composés odorants différents, mais c'est loin d'être un record ! L'animal qui possède le plus de récepteurs olfactifs est l'éléphant, qui en aurait deux fois plus que le chien.

Les mécanismes du goût sont assez proches de ceux de l'odorat : des molécules, souvent dissoutes dans la salive, sont captées par des récepteurs gustatifs. Mais ceux-ci ne se trouvent pas forcément dans la bouche ! De nombreux insectes en possèdent à l'extrémité de leurs pattes et de leurs antennes : ils marchent littéralement dans leur repas pour y goûter ! Chez la majorité des poissons osseux, les récepteurs gustatifs sont au niveau des branchies tandis que chez le poisson-chat, ils sont répartis sur l'ensemble du corps. En comparaison, les vertébrés semblent bien peu inventifs, avec leurs récepteurs situés le plus souvent au niveau de la langue et de l'intérieur de la bouche.

SUR LE BOUT DE LA LANGUE

Peut-être avez-vous en tête qu'il existe quatre saveurs (sucré, salé, acide, amer), réparties en quatre zones distinctes sur la langue. Mais c'est faux ! Des études récentes montrent que les récepteurs du goût sont répartis sur toute la langue et que leur cartographie varie d'un individu à l'autre. Et il y en a plus de quatre sortes ! Certains détectent le glutamate, un acide aminé à l'origine d'une cinquième saveur appelée « umami » (« délicieux » en japonais). Et des chercheurs militent pour faire reconnaître le gras comme sixième saveur, après avoir découvert des récepteurs dédiés !

Méli-mélo de molécules

La distinction entre goût et odorat est assez subjective : pour de nombreux organismes, les deux se confondent. C'est notamment le cas des unicellulaires, qui n'ont pas d'organe dédié. Chez ces organismes, on observe un phénomène d'attraction ou répulsion selon les substances, appelé chimiotactisme. N'avoir qu'une seule cellule n'empêche visiblement pas d'avoir un avis ! Il a été montré que différentes souches du blob *Physarum polycephalum* (voir p. 41) n'ont pas les mêmes préférences alimentaires en laboratoire : la version australienne préfère les flocons d'avoine bio alors que l'américaine privilégie une marque particulière.

Les plantes sont aussi capables de percevoir des molécules volatiles et de s'y adapter, sans distinction entre le goût et l'odorat. Dans la Chine antique, les cultivateurs avaient compris que l'odeur de l'encens faisait mûrir les poires. C'est en réalité l'éthylène, une substance que l'on peut assimiler à une odeur, présente dans la fumée mais aussi synthétisée par les plantes, qui est responsable du mûrissement. Les « odeurs » traversent les pores des cuticules végétales pour atteindre leurs récepteurs. Sous terre, c'est tout un système racinaire couvert de poils absorbants qui capte et analyse l'eau et les molécules solubles du sol. Les racines sont ainsi capables de pousser dans la direction de champignons bénéfiques, et d'éviter les pathogènes, en se basant sur leurs odeurs diffusées dans la terre. L'attraction peut fonctionner dans l'autre sens, les végétaux émettant des substances perçues par des bactéries bénéfiques du sol ou les pollinisateurs à la surface. Mais se faire détecter n'est pas toujours un avantage : les plantes parasites comme les cuscutes repèrent leurs proies à l'odeur... Dans tous ces cas, un cocktail de molécules est détecté par des récepteurs situés sur ou dans les cellules, ce qui déclenche une réaction physiologique.

Même chez les animaux, goût et odorat ne sont pas toujours séparés. La langue fourchue des serpents leur sert à sentir plus qu'à goûter. Sa séparation en deux parties permet d'ailleurs de localiser l'origine des odeurs, perçues plus fortement d'un côté ou de l'autre.

Chatouilles et gratouilles

Détecter des molécules n'est qu'une des façons de percevoir le monde. Les signaux mécaniques sont également riches d'informations : présence, forme, texture, taille, température, distance, vibration et autres mouvements... Il y a de quoi faire ! Parmi les sens liés à ce genre de stimuli, le plus évident est sans doute le toucher.

Vibrisses de chat

Plumes sensorielles d'un Barbu vert (*Psilopogon viridis*)

Poils sensoriels de mouche

Barbillons de poisson-chat

Les récepteurs impliqués sont généralement proches de la surface des organismes. Chez certaines espèces, ils sont sensibles à plusieurs types de signaux, alors que d'autres ont développé des neurones spécialisés, les mécanorécepteurs, qui réagissent spécifiquement à différentes stimulations comme la pression, la tension mais aussi la douleur ou la température. Les doigts des humains et autres grands singes sont un exemple de toucher très fin qui, associé à des muscles précis, permet une grande dextérité. En réalité, il existe tout un arsenal de poils et d'appendices tactiles chez les animaux : vibrisses des mammifères, cils sur les pattes des insectes et des araignées, soies sur la peau du lombric, barbillons du poisson-chat, certaines plumes des oiseaux... La perception était peut-être même la première fonction des plumes, avant l'isolation thermique ou le vol !

AÏE !

Cela peut paraître étonnant mais percevoir la douleur est essentiel pour ne pas se blesser ! Certaines personnes ne possèdent pas les récepteurs nécessaires, ce qui leur pose beaucoup de problèmes : comment retirer sa main d'une flamme si on ne sent pas la brûlure ? Les preuves s'accumulent pour affirmer que ces récepteurs existent chez de nombreux êtres vivants, des oiseaux aux mollusques en passant par les poissons, les crustacés et les insectes... Les humains ne sont pas les seuls capables de souffrir !

Condylure étoilé
(*Condylura cristata*)

C'est surtout dans l'obscurité que le sens du toucher est primordial. D'ailleurs, l'un des tâteurs les plus efficaces vit sous terre ! Il s'agit du condylure étoilé, une taupe américaine qui possède 22 tentacules au bout de son nez. On y a recensé 25 000 récepteurs entièrement dédiés au toucher, qui sont richement innervés pour envoyer les infos hyper rapidement au cerveau. En effet, un battement d'œil humain suffit à cette taupe pour repérer un encas, l'analyser, l'engloutir et reprendre ses recherches !

Mais il est aussi possible d'utiliser le toucher en gardant ses distances ! Les spatules et les bécasseaux perçoivent les larves dont ils se nourrissent en faisant vibrer le sable avec leur bec tactile pour y repérer les anomalies. Preuve qu'il s'agit bien de toucher et pas d'odorat : les bécasseaux détectent même les cailloux ! Du côté des poissons, une ligne latérale de capteurs, disposés de part et d'autre du corps, permet de sentir le moindre mouvement dans l'eau, qu'il s'agisse d'une proie ou d'un prédateur. Chez certains, elle est si sensible qu'un battement de patte de plancton suffit à sonner l'alarme ! On comprend mieux pourquoi les espèces qui ont l'habitude de nager en bancs ne se percutent jamais.

Bécasseau Sanderling
(*Calidris alba*)

Gardon (*Rutilus rutilus*)

Les plantes ont-elles aussi le sens du toucher ? Oui ! C'est d'ailleurs ce qui permet à certaines espèces grimpantes comme le lierre ou la vigne vierge de s'accrocher efficacement à leur support : il faut bien qu'elles le détectent ! Les mouvements des plantes carnivores ou de la sensitive évoqués dans le chapitre précédent (voir p. 96) sont également déclenchés par des signaux tactiles, avec plus ou moins de sensibilité. Le piège de la dionée contient des cils sensoriels et il ne se referme que si deux d'entre eux sont touchés dans un intervalle de moins de 20 secondes. Si un seul poil est stimulé ou si la durée augmente entre deux frôlements, la plante reste au repos.

Les bactéries ne sont pas en reste en matière de tâtonnements : les flagelles et autres « poils » présents à leur surface ne leur servent pas qu'à se déplacer. Chez certaines espèces comme *Caulobacter crescentus*, c'est la collision avec une surface qui sert de signal pour arrêter de s'agiter, conduisant la bactérie à adhérer au support. Quand *Escherichia coli* est touchée, un autre mécanisme se déclenche, comparable à celui que l'on retrouve chez les animaux : un signal électrique est transmis et provoque différentes réactions dans la cellule.

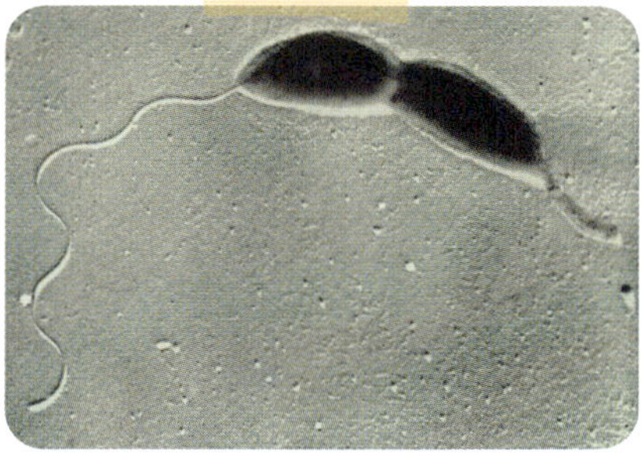

Bactérie
Caulobacter crescentus

Fait chaud, non ?

Même si cela paraît contre-intuitif, la perception de la température est aussi une détection de signal mécanique. En effet, d'un point de vue physique, la température est une agitation plus ou moins rapide des éléments constituants la matière : plus ils vibrent vite, plus elle est chaude, et plus elle refroidit, plus ils se figent. Percevoir ces vibrations thermiques a plusieurs intérêts !

Crotale
(*Crotalus stephensi*)

Tout d'abord, même si certains organismes sont p lus tolérants aux variations que d'autres, chacun a ses températures de vie idéales. C'est particulièrement important pour les animaux dont la température corporelle varie avec la température extérieure, comme certains insectes, poissons, grenouilles, serpents et tortues, qui sont obligés de se mettre au soleil pour se réchauffer. Même les animaux qui peuvent réguler leur température par des mécanismes internes (comme des frottements de muscles) ont besoin de savoir quand les déclencher. Du côté des plantes, évaluer la température permet de germer ou fleurir au bon moment… Vous vérifiez la météo avant de sortir vous promener ? D'une certaine façon, les plantes aussi !

Détecter la température est aussi utile pour trouver ses camarades ou ses proies. C'est en repérant la chaleur que les puces et les tiques trouvent leur repas. Certains serpents sont munis de deux fossettes sensorielles, entre les yeux et la bouche, qui leur permettent de détecter des proies à courte distance grâce à leur forte température, même de nuit. Un peu comme des caméras thermiques ! Le scarabée *Melanophila acuminata* localise quant à lui les zones d'incendies, où il dépose ses œufs, grâce à des cavités sensibles aux infrarouges situées à l'arrière de ses pattes centrales. Il pourrait les sentir jusqu'à 160 kilomètres de distance !

Scarabée
(*Melanophila acuminata*)

SURVIVANTS DE L'EXTRÊME !

Les molécules composant les cellules ne devraient plus être capables de jouer leurs rôles au-delà d'environ 80 °C. Pourtant, certains organismes qualifiés d'hyperthermophiles dépassent largement cette limite ! Les archées sont les spécialistes de ce mode de vie extrême, avec un record de survie à 130 °C, détenu par *Geogemma barossii*. Une prouesse qui s'explique par des adaptations moléculaires qui les rendent particulièrement résistantes à la chaleur… Mais incapables de fonctionner aux températures habituelles.

La perception de la température implique des thermorécepteurs, qui sont généralement spécialisés soit dans le froid, soit dans le chaud. Chez certains poissons, amphibiens et mammifères, les mécanorécepteurs et les thermorécepteurs ne sont pas vraiment distincts. En réalité, toutes les molécules biologiques sont impactées par la température et peuvent donc servir de capteur. Autant dire que la gamme des thermorécepteurs est large : des protéines présentes à la surface des cellules, aux morceaux d'ADN ou d'ARN, en passant par les lipides des membranes ! L'huile fige au frigo et le beurre fond au soleil : il se passe la même chose à l'échelle cellulaire, ce qui peut permettre d'évaluer la température et de s'y adapter si besoin.

DU FROID ET DU CHAUD CHIMIQUES

Certaines substances chimiques, captées par les thermorécepteurs, provoquent des sensations similaires aux changements de température. Le menthol présent dans la menthe active les récepteurs au froid alors que la capsaïcine, l'un des composants des piments, active les récepteurs à la chaleur. Attention à ne pas mettre les doigts dans vos yeux après avoir touché des piments... Ça brûle !

On est tout ouïe !

L'autre sens incontournable dans la catégorie « perception de stimulus mécanique »... c'est l'audition ! En effet, les ondes sonores sont des vibrations de la matière, en général l'air ou l'eau, qui se déplacent en s'éloignant de leur source d'origine. Plus ces vibrations sont resserrées, plus la fréquence du son est élevée et plus le son est aigu. Les récepteurs de l'audition sont donc des structures sensibles aux vibrations de l'environnement.

En général, chez les vertébrés, la perception du son implique des cils encapsulés dans une substance gélatineuse qui, une fois mis en mouvement par les ondes sonores, génèrent un signal électrique transmis au cerveau. Ceux-ci sont parfois cachés au fond de systèmes complexes permettant d'améliorer la détection et que l'on retrouve chez la majorité des vertébrés : les oreilles. Elles débutent le plus souvent par un tympan, une sorte de peau de tambour, parfois situé au fond d'un conduit auditif.

Ce tympan amplifie les vibrations sonores et fait bouger des petits os (un chez les amphibiens et les reptiles, trois chez les mammifères), qui vont tambouriner contre une structure en forme de coquille d'escargot, la cochlée, où se trouvent enfin les cellules ciliées. Ces cellules ciliées ont la même origine évolutive que celles de la ligne latérale des poissons, qui leur permet de sentir les courants et la gravité en plus de percevoir les sons. Comme le goût et l'odorat, le toucher et l'ouïe ne sont pas si différents ! D'ailleurs, pas mal d'animaux entendent en touchant leur environnement. Les serpents n'ont par exemple pas d'oreille externe, mais ils perçoivent les vibrations du sol par l'intermédiaire de leur mâchoire, reliée à leur oreille interne.

SE REPÉRER À L'OREILLE

Les chauves-souris, mais aussi certains cétacés, émettent des cris très aigus, courts et répétés pour s'orienter : en analysant la façon dont ces bruits sont déformés avant de leur revenir, ils se représentent leur environnement. Ce phénomène d'écholocation est aussi utilisé par certains humains aveugles !

Côté originalité des récepteurs sonores, la palme revient incontestablement aux insectes ! Il faut dire qu'ils étaient initialement sourds et que les hasards de l'évolution semblent les avoir amenés à développer 19 fois la capacité d'entendre, avec des approches surprenantes ! Chez les criquets, les récepteurs auditifs se trouvent de chaque côté de l'abdomen. Chez leurs cousins sauterelles et grillons, ils sont sur les pattes antérieures, et au bout des antennes pour les mouches et moustiques.

Même des organismes dont les récepteurs auditifs ne sont pas clairement identifiés ont l'air de percevoir les sons. Ainsi, des colonies de levures de bière semblent pousser plus vite quand il y a du bruit et les bactéries aquatiques *Brevibacterium* augmentent leur production de pigments lorsqu'on diffuse de la musique. Les racines des plantes s'orientent vers les fréquences émises par l'eau quand elle coule dans le sol et l'œnanthe se met à sécréter plus de nectar lorsqu'elle perçoit la fréquence du bourdonnement d'un insecte ! Ces découvertes sont récentes, mais le vivant semble bel et bien mélomane. Pourtant, tout le monde n'entend pas la même chose, loin de là.

Fleur d'œnanthe (*Oenothera drummondii*)

L'être humain est par exemple très limité : il ne perçoit ni les sons très graves (infrasons), ni les sons très aigus (ultrasons). Il échappe donc à tout un concerto qu'entendent très bien les autres animaux. Chats, chiens, souris ou insectes détectent les ultrasons, alors que les éléphants captent les vibrations des infrasons graves et lointains avec la plante de leurs pieds. Côté sensibilité, il faut être bien équipé pour percevoir les sons les plus discrets. La face ronde des hiboux et des chouettes permet aux bruits de glisser jusqu'à leurs oreilles, bien cachées sous leurs plumes. Celles-ci sont d'ailleurs disposées à des hauteurs différentes pour mieux localiser l'origine des sons.

Chouette effraie (*Tyto alba*)

Et la lumière fut !

Molécules chimiques et signaux mécaniques ne sont pas les seules informations que perçoivent les êtres vivants ! Source d'énergie et d'information pour de nombreux organismes, la lumière est un signal complexe qui se propage dans le vide, contrairement au son, et se comporte à la fois comme une onde et comme des grains d'énergie. Les vibrations de la lumière peuvent être plus ou moins rapprochées dans le temps, ce qui est interprété comme des couleurs différentes par le cerveau des humains. Leur vision est cependant limitée par leur incapacité à détecter certaines longueurs d'ondes : ultraviolets et infrarouges leur échappent, alors que d'autres espèces les perçoivent !

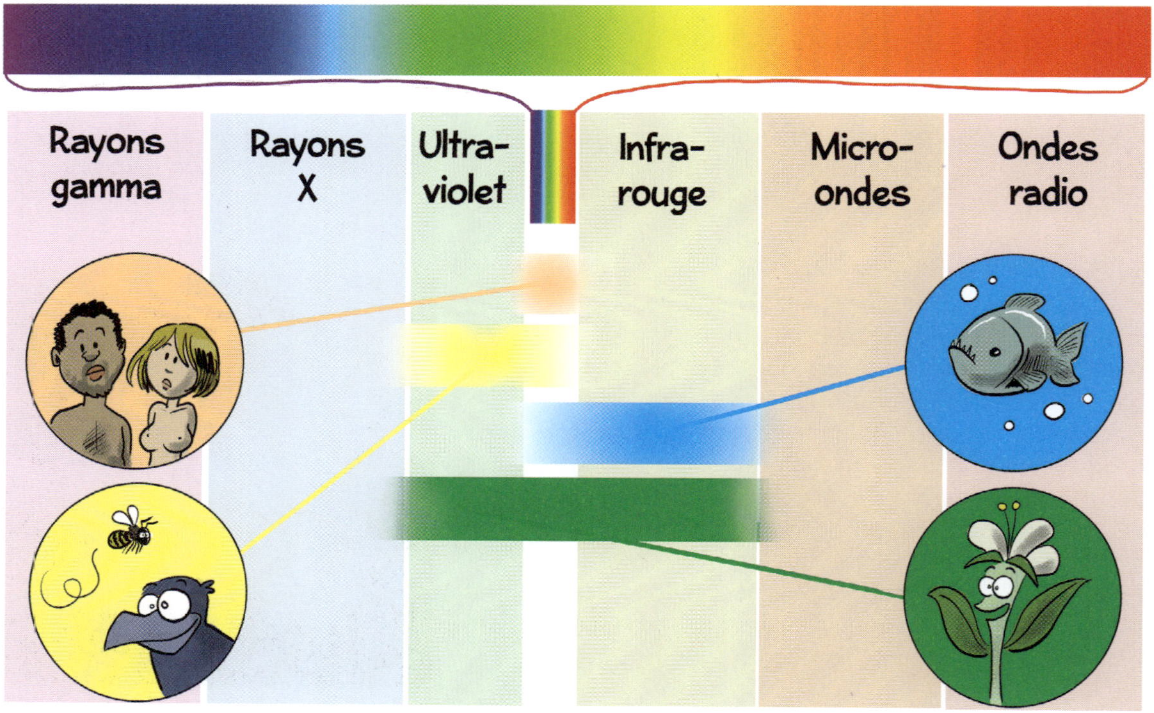

Qui voit quoi dans le spectre électromagnétique ?

Les récepteurs captant la lumière, appelés photorécepteurs, peuvent être de différentes natures. Chez les micro-organismes, il s'agit généralement de protéines sensibles à la lumière, le signal étant directement pris en charge sans organe dédié. Certains se rapprochent alors de la source lumineuse (par exemple pour faire de la photosynthèse) alors que d'autres préfèrent l'obscurité et fuient les ultraviolets, qui provoquent des mutations. Mais quelques espèces ont perfectionné leurs dispositifs optiques ! Les algues unicellulaires de la famille des Warnowiaceae possèdent une structure particulière, formée de plusieurs éléments agencés d'une façon qui rappelle les yeux des animaux.

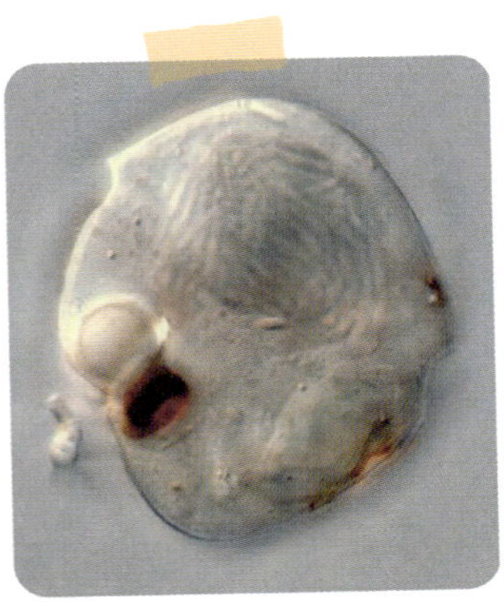

Algue de la famille des Warnowiaceae (*Proterythropsis sp.*)

Chez les plantes, l'organisme entier est dédié à la quête de la lumière et des photorécepteurs sont répartis sur tous leurs organes. C'est une question de survie : pas de lumière, pas de photosynthèse, donc pas de repas ! Les plantes possèdent plusieurs catégories de photorécepteurs, chacun étant spécialisé dans l'absorption d'une portion du spectre lumineux. Lumière bleue, rouge, verte, infrarouge et même ultraviolette, rien ne leur échappe !

Chez certains animaux, les photorécepteurs sont regroupés dans des organes spécialisés, capables d'identifier la direction de l'éclairage et de s'ajuster pour former une image nette et détaillée : les yeux ! Même s'il en existe de tailles et de structures très variées, ils partagent des caractéristiques communes. On y retrouve souvent des opsines, des protéines réagissant à la lumière, également présentes chez les bactéries.

Les abeilles, papillons et mouches ont à la fois des yeux simples sur le dessus de la tête, les ocelles, qui servent à capter la luminosité, et deux yeux composés de multiples facettes, possédant chacune ses photorécepteurs, qui déconstruisent ce qu'ils voient en un grand nombre d'images, façon mosaïque. Leur vitesse de perception est également impressionnante : 200 images par seconde pour les mouches contre seulement 25 pour l'humain. Difficile de les surprendre !

Tête de guêpe vue du dessus

Chez les amphibiens, reptiles, oiseaux et mammifères, les yeux ont un fonctionnement plus proche de celui d'une caméra. La lumière y pénètre par la pupille, dont l'ouverture est modulée par l'iris, la partie colorée du globe oculaire. Au fond de l'œil, la lumière est projetée sur la rétine, comme sur un écran de cinéma. Cette zone est tapissée de cellules photosensibles dont il existe deux grands types : les cônes, qui assurent la perception des couleurs à la lumière du jour, et les bâtonnets, qui sont impliqués dans la vision nocturne et la captation des mouvements.

T'AS D'BEAUX YEUX, TU SAIS

À partir des fonctions visuelles de base, de nombreux paramètres varient : taille du champ de vision, gamme de couleurs perçue, zone de netteté de l'image, sensibilité aux mouvements, mobilité et nombre d'yeux... Le caméléon peut orienter ses yeux dans deux directions opposées et la bécasse des bois voit à 360 ° grâce à ses yeux placés sur le côté de la tête. Certains poissons ont besoin de voir à la fois sous l'eau et au-dessus de la surface et possèdent des yeux segmentés en deux parties, comme ceux du genre *Anableps*. Pour aller encore plus loin : tous les yeux ne vont pas par deux ! La majorité des araignées en possède 8, les cuboméduses 24 et la coquille Saint Jacques 200 !

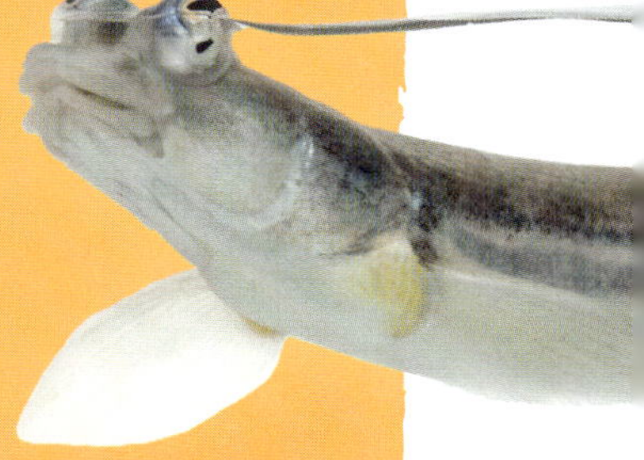
Poisson du genre *Anableps*

Un monde de couleurs et de nuances

Évidemment, toutes les espèces n'ont pas les mêmes combinaisons de photorécepteurs et ne détectent donc pas les mêmes couleurs, ce serait trop simple... Le nombre de types de cônes varie de zéro (condamnant les paresseux et les tatous à une vision en noir et blanc) à quatre, ce qui permet à la plupart des oiseaux de percevoir les UV en plus des couleurs auxquelles les trois sortes de cônes des humains donnent accès. Certains poissons qui vivent dans des eaux boueuses, comme le tilapia du Nil, sont même sensibles aux infrarouges ! En effet, chaque type de cône détecte une gamme de longueurs d'onde particulière et c'est leur combinaison qui permet au cerveau d'associer une couleur à un signal en fonction de la façon dont celui-ci active les différents photorécepteurs.

Les mêmes fleurs en lumière UV (à gauche, fausses couleurs) et en lumière visible par les humains (à droite)

Mais que les vertébrés ne fassent pas trop les malins ! Les papillons peuvent avoir jusqu'à 15 photorécepteurs différents. Quant aux couleurs des fleurs, elles ont évolué pour correspondre aux yeux de leurs pollinisateurs, sensibles aux UV, et une bonne partie de leurs motifs forment de remarquables pistes d'atterrissage qui échappent aux yeux humains.

Le nombre de bâtonnets présents dans la rétine confère aussi des superpouvoirs. C'est parce que les chats en possèdent beaucoup qu'ils peuvent détecter des mouvements rapides et se déplacer de nuit, avec très peu de lumière. Mais la distinction cônes/bâtonnets n'est pas la seule façon de séparer vision des couleurs et perception des mouvements ! Les araignées sauteuses utilisent carrément des yeux différents alors que les crevettes-mantes y dédient différentes parties de leurs yeux, qu'elles ne semblent pas utiliser simultanément.

Araignée sauteuse (*Salticidae*)

ELLE VOIT DE TOUTES LES COULEURS !

Les crevettes-mantes sont équipées non pas de 2, 3 ou 4 photorécepteurs, mais de 16, dont 12 dédiés à la visualisation des couleurs ! Et pourtant, elles distinguent moins bien les nuances proches que les humains. Leur mécanisme de perception des couleurs a manifestement un fonctionnement particulier dans le monde animal, mais pour l'instant, on ne sait toujours pas comment il marche !

Crevette-mante paon (*Odontodactylus scyllarus*)

Le courant passe entre nous

L'électricité est partout : dans l'air, dans l'eau et même au cœur des cellules, où elle permet entre autres de transmettre des informations en se propageant. De plus, chaque mouvement générant des frottements peut conduire à l'accumulation d'électricité statique. Autant dire que l'électricité a de quoi constituer une source d'informations intéressante, que ce soit pour s'orienter ou pour localiser des proies. Sa perception est peu étudiée chez les plantes et les micro-organismes, mais elle est plus répandue qu'on pourrait le croire chez les animaux.

Boto (*Inia geoffrensis*)

L'eau étant un bien meilleur conducteur que l'air, la majorité des espèces sensibles à l'électricité sont aquatiques. C'est le cas des lamproies, poissons-chats, coelacanthes, mais aussi de salamandres et de certains mammifères, comme le boto, un dauphin d'Amazonie, et l'ornithorynque. Ce dernier possède des électrorécepteurs dans son bec, qui lui sert aussi d'organe du toucher, sans qu'on sache s'il différencie vraiment les deux types de signaux. En tous cas, même dans des eaux boueuses sans visibilité, aucun mouvement ne peut lui échapper !

Museau de requin zèbre (*Stegostoma tigrinum*)

Les requins et les raies possèdent au bout du museau un dispositif spécialisé pour capter l'électricité à courte distance : les ampoules de Lorenzini. Ce sont des zones tapissées de cellules réceptrices, reliées à des pores ouverts sur l'extérieur par des canaux remplis d'une gelée conductrice. Elles peuvent aussi détecter les changements de température et de salinité. Un beau couteau-suisse sensoriel !

Les animaux aquatiques ne sont cependant pas les seuls à percevoir l'électricité : de nombreuses espèces terrestres le peuvent aussi, comme l'échidné (un cousin de l'ornithorynque), ou des pollinisateurs. Certaines abeilles et bourdons détectent notamment les champs électromagnétiques autour des fleurs dont ils recherchent le nectar, via leurs poils.

Échidné à nez court (*Tachyglossus aculeatus*)

Plusieurs petites bêtes comme les araignées semblent sentir les champs électriques atmosphériques, également grâce à leurs poils, et peuvent les utiliser pour se déplacer en faisant ce que l'on appelle du *ballooning*. Un fil de soie est projeté vers le ciel, puis soulevé par les courants d'air et le champ électrique de l'atmosphère, embarquant l'animal qui l'a produit sur des dizaines de kilomètres façon montgolfière !

Cap au Nord !

En plus des champs électriques, un certain nombre d'espèces sont sensibles aux champs magnétiques, qu'il s'agisse du champ magnétique terrestre (qui permet aux boussoles d'indiquer le Nord) ou de champs magnétiques produits par des aimants. Certaines bactéries, qualifiées de magnétotactiques, se dirigent selon les lignes du champ magnétique terrestre grâce à de petites structures riches en fer qui leur servent de boussoles, les magnétosomes. Des expériences en laboratoire ont également démontré que certaines plantules sont sensibles aux champs magnétiques, qui semblent inhiber leur croissance… uniquement en présence de lumière bleue. Des photorécepteurs jouent sans doute aussi un rôle dans ce phénomène !

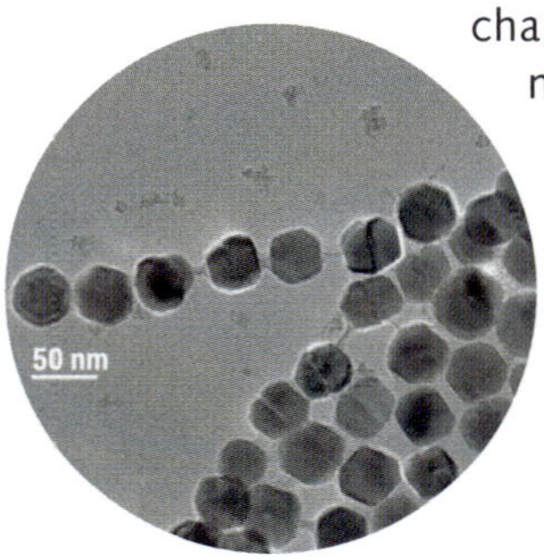

Magnétosomes
de bactéries

De nombreux animaux sont capables de percevoir le champ magnétique terrestre et de l'utiliser pour s'orienter, essentiellement lors des migrations. C'est le cas des tortues marines femelles qui retrouvent ainsi la plage où elles sont nées pour pondre à leur tour, des homards, des papillons ou encore des pigeons ! Mais un mystère demeure : même si plusieurs hypothèses sont envisagées, la magnétoréception est le seul sens dont les récepteurs n'ont toujours pas été clairement identifiés.

Sans dessus dessous

Le champ magnétique terrestre n'est pas le seul signal qui permet aux organismes de se repérer dans l'espace. La gravité est aussi une source d'informations précieuse ! Elle fait partie des stimuli pris en compte dans un sens particulièrement complexe : la proprioception. Chez les animaux, celui-ci repose sur toute une gamme de récepteurs sensibles à différentes stimulations mécaniques, qui sont localisés dans les tendons, les ligaments et les muscles. Ce sens permet d'avoir une perception globale de son corps mais aussi d'évaluer sa position dans l'espace et de maintenir son équilibre. Les poissons osseux utilisent pour cela des sortes de cailloux, les otolithes, situés à l'arrière de leur tête, qui déclenchent un signal nerveux quand ils touchent des cellules ciliées. On en retrouve des équivalents chez d'autres espèces de vertébrés mais aussi d'invertébrés, comme les méduses.

Otolithes de poissons (carbonate de calcium)

Les insectes sont de leur côté équipés de mécanorécepteurs particuliers, appelés sensilles. Les plus sensibles détectent la moindre compression et permettent aux insectes volants comme les mouches à vinaigre (qui en ont plus de 600 réparties sur tout le corps !) de se stabiliser en vol et à l'atterrissage.

On attribue également une forme de proprioception aux plantes, qui sont capables de s'orienter selon la gravité terrestre. Si l'on place la racine d'une lentille à l'horizontale, elle se courbe en quelques heures pour redescendre vers le bas. Les extrémités des racines des plantes contiennent des petits cailloux d'amidon dont la chute est perçue par des récepteurs membranaires. Cela déclenche immédiatement un signal hormonal qui favorise la turgescence d'un côté de la racine, ce qui lui permet de se courber, un peu de la même manière que les tiges qui s'orientent vers la lumière.

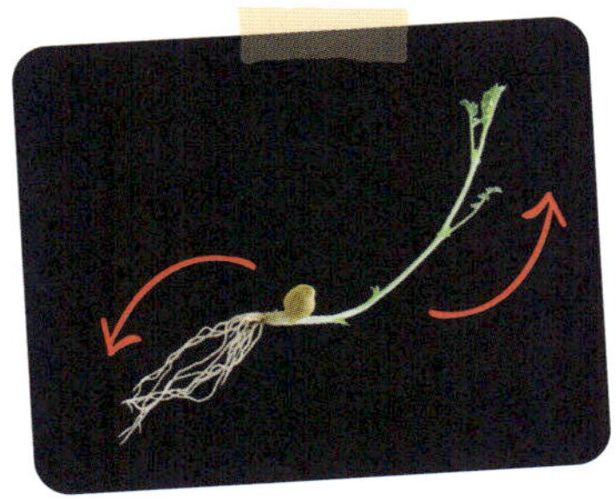

ÉQUILIBRE INTÉRIEUR

La plupart des sens mentionnés ici reposent sur l'analyse d'informations venues du monde extérieur. Mais il existe également des systèmes qui récupèrent des signaux au cœur même de l'organisme : température, pression, fréquence cardiaque, concentration en molécules comme le glucose... Surveiller son propre état est tout aussi indispensable à la survie !

Détection de molécules dont on ne sait pas toujours s'il s'agit d'odeurs ou de saveurs, perception de vibrations qui peuvent être des sons, des mouvements ou des températures, sensibilité à des signaux aussi variés que les ondes lumineuses, l'électricité, les champs magnétiques ou la gravité : les organismes ne se contentent pas de cinq sens pour analyser leur environnement. Chacun a ses spécialités, adaptées à son mode et son milieu de vie. Certains privilégient la sensibilité, d'autres la rapidité ; certains combinent les sources d'informations quand d'autres se spécialisent. La diversité des stratégies paraît sans limite et il est bien difficile de se mettre à la place d'autres espèces pour imaginer leurs sensations...

Alors, d'après vous, qui la gagne, cette battle de la perception ?

ATTRIBUTS DU PERSONNAGE

Répartissez 10 points d'expérience (PE) dans les différentes aptitudes.
Aptitude +5 : 1 PE. Aptitude +10 : 2 PE. Aptitude spéciale : 3 PE.

VUE

- ☐ Récepteur couleur +5
- ☐ Sensibilité au mouvement +5
- ☐ Perception UV/Infrarouge +10
- ☒ Vision de nuit +10

ODORAT

- ☐ Hyper sensible : détection de loin +10
- ☒ Langue bifide : localisation de la source +10

OUÏE

- ☒ Ultrasons/sonar : détection de l'espace +10
- ☐ Sensibilité aux vibrations +5

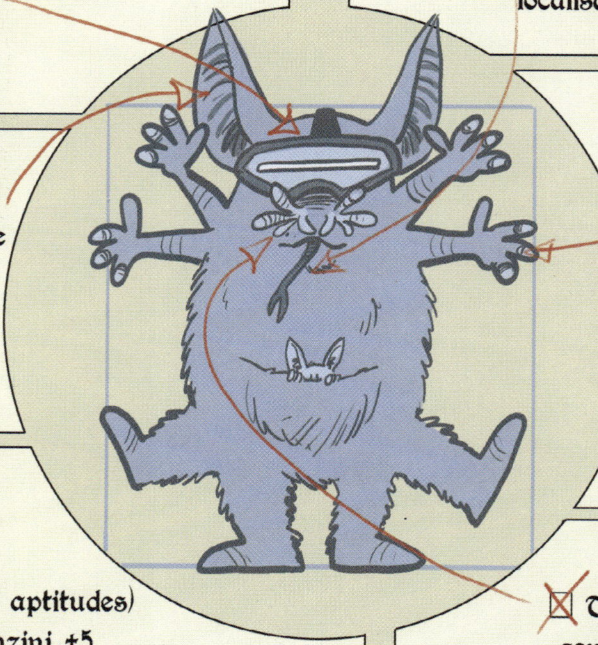

GOÛT

- ☐ Tolérance au piment +5
- ☒ Capteurs sur les pattes +5
- ☐ Détecteur de poison +10

APTITUDES SPÉCIALES

(+5 dans toutes les aptitudes)

- ☐ Ampoules de Lorenzini +5
- ☐ Magnétosomes +5
- ☐ Perception de la gravité +5

TOUCHER

- ☒ Tentacule de condylure étoilé +10
- ☐ Vibrisses +5
- ☐ Toucher à distance +10

TOTAL DES APTITUDES

Vue : 10 Odorat : 10 Goût : 5 Ouïe : 10 Toucher : 10

Je te reçois 5 sur 5 !

Les carpes ont-elles des choses à se dire ?

Les êtres vivants utilisent différents sens pour percevoir des signaux variés : une odeur suave, une couleur vive, un cri perçant… Ces stimuli sont aussi des façons d'échanger des informations, à différentes échelles : de la cellule à l'organisme entier, avec des congénères d'une même espèce ou entre organismes très différents. Alors, qui se débrouille le mieux pour faire passer ses messages ? Et comment se comprendre quand on ne parle pas la même langue ?

La battle de la communication est déclarée ouverte !

Un signal qui a du sens !

Le monde vivant est une gigantesque cacophonie, où les échanges d'informations sont permanents. Qui est là ? Dans quel but ? Des bactéries en chasse aux oiseaux chanteurs en passant par les plantes séductrices de pollinisateurs, tout le monde communique. Pourtant, la notion de communication n'est pas évidente à définir ! Pour certains, elle ne peut avoir lieu qu'entre congénères, pour d'autres il faut absolument que l'échange soit intentionnel et dédié à un destinataire précis… Mais comment s'en assurer ? Et que faire des échanges entre individus d'espèces différentes ? Comment classer les messages trompeurs, ou interceptés par un public imprévu ?

FAKE NEWS

Certains animaux sont connus pour transmettre de fausses informations. C'est par exemple le cas des mésanges charbonnières, qui poussent des cris d'alerte même en l'absence de danger, et récupèrent ensuite la nourriture abandonnée par ceux qui se sont mis à l'abri. Mais attention, il faut bien doser et ne pas le faire trop souvent, sinon les autres ne tombent plus dans le panneau !

L'une des définitions les plus généralistes considère la communication comme la transmission d'un signal entre deux individus capables de le décoder : l'émetteur d'un côté et le receveur de l'autre. Ceux-ci pouvant adapter leurs réactions au message échangé. Selon les organismes et leurs capacités, la communication peut se faire par tous les modes de perception possibles, voire plusieurs en même temps, ce que l'on appelle la communication multimodale. C'est le cas du cactus étoile de mer, une plante dont l'odeur de viande pourrie attire des mouches pollinisatrices. Même si elles les localisent surtout à l'odeur, les mouches visitent davantage les fleurs quand celles-ci sont visibles. Les signaux olfactifs et visuels sont complémentaires !

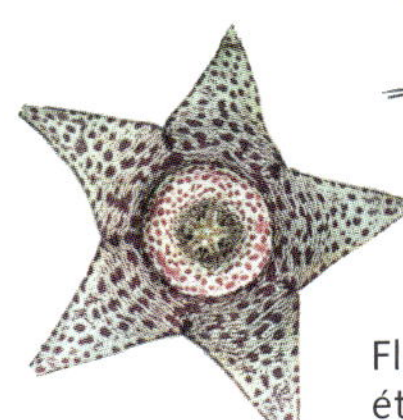

Fleur de cactus étoile de mer (*Orbea variegata*)

Les fonctions de la communication sont multiples : attirer des alliés, chasser des concurrents, choisir un partenaire ou gérer les interactions au sein d'un groupe social, difficile de dresser une liste exhaustive. Selon la situation, les messages peuvent être transmis par contact rapproché ou à distance, et être perçus immédiatement ou sur des temps plus longs (les griffures laissées par un lynx sur un arbre sont par exemple identifiables pendant des jours).

Mâle épinoche à trois épines (*Gasterosteus aculeatus*)

Certaines réactions sont déclenchées presque automatiquement. En période de reproduction, un mâle épinoche au ventre rouge attaquera ainsi tout objet rouge qu'il verra ! À l'inverse, certains messages plus complexes, comme l'utilisation de cris ou de postures précises, nécessitent un apprentissage à la fois pour être produits et interprétés correctement.

Cocktail moléculaire

Malgré leur diversité, il existe un mode de communication partagé par tous les êtres vivants : l'échange et l'analyse de molécules. Produites par un organisme et détectées par un autre, elles transmettent de nombreuses informations, à commencer par la présence, mais aussi l'état (de santé, de fertilité, émotionnel...) de leur émetteur.

Les dialogues moléculaires sont particulièrement importants pour certaines espèces. Chez les bactéries, champignons et archées, ils sont au cœur d'un mécanisme appelé le *quorum sensing*. Chaque micro-organisme sécrète des molécules qui s'accumulent dans le milieu et dont la quantité permet d'évaluer le nombre d'individus. Quand la population est assez grande pour que les molécules atteignent une concentration seuil, les bactéries peuvent se mettre à collaborer en formant des biofilms, en devenant plus virulentes, en échangeant des morceaux d'ADN ou même en devenant bioluminescentes !

Cette communication moléculaire peut avoir lieu entre des espèces bactériennes différentes et se produit en continu, dans tous les environnements. Comme des musiciens ne parlant pas la même langue mais capables de lire les mêmes partitions, les bactéries partagent un langage commun. Quand ils sont pathogènes, cette synchronisation des micro-organismes est une mauvaise nouvelle pour leur hôte… Et certains contre-attaquent ! L'algue rouge *Delisea pulchra* fabrique ainsi une substance qui inhibe le système de communication des bactéries qui la colonisent. Non mais !

Il semblerait que les virus soient également capables de communiquer les uns avec les autres. Ce champ de recherche, baptisé sociovirologie, est très récent, car les scientifiques ont plutôt l'habitude de travailler sur des systèmes simplifiés, avec un seul type de virus infectant un seul type d'organisme. Mais dans la réalité, de nombreux virus coexistent ! Certains émettent manifestement des molécules signalant qu'une bactérie est déjà infectée, ce qui repousse ou, au contraire, attire d'autres virus.

D'une cellule à l'autre

Communiquer par voie chimique peut se faire très simplement. Les unicellulaires excrètent des substances dans le milieu et en captent via leurs membranes. On retrouve des mécanismes comparables chez les pluricellulaires, dont les cellules échangent elles aussi des informations les unes avec les autres (on parle alors plutôt de signalisation) ! Des molécules sont émises à un endroit et perçues ailleurs, avec des variations selon la distance à parcourir.

Pour relier des cellules éloignées, la substance peut voyager par la sève chez les végétaux, le sang chez les vertébrés, l'hémolymphe chez les insectes et crustacés… Les molécules transportées de cette façon sont appelées hormones et il en existe un certain nombre, impliquées dans des fonctions très différentes. C'est par exemple le cas de l'insuline, qui déclenche le stockage du glucose dans certains organes animaux quand le taux de sucre dans le sang est élevé. Chez les végétaux, on peut citer l'auxine, une hormone de croissance notamment impliquée dans l'allongement des cellules. Plus la concentration d'hormone est importante et plus la réaction est forte !

Quand une molécule voyage par l'intermédiaire des neurones, des structures spécifiques des animaux, on parle généralement de neurotransmetteur, comme l'acétylcholine, sécrétée lors de la prise d'un repas et qui contrôle la contraction de certains muscles. Les neurotransmetteurs se déplacent moins loin que les hormones, mais interviennent très rapidement alors qu'il faut plusieurs minutes, voire plusieurs heures, aux hormones pour avoir un effet. Ces deux types de messages moléculaires, formes de communication entre les cellules d'un même organisme, sont reconnus par des récepteurs spécifiques et maintiennent les équilibres internes, nécessaires aux différentes fonctions vitales. Écouter ses propres besoins est indispensable pour survivre !

Talkie-walkie chimique

Certains sens comme le goût et l'odorat sont basés sur la détection de signaux moléculaires, qui peuvent aussi servir à communiquer. Les composés odorants se déplacent à grande distance et persistent parfois dans l'environnement. Parfait pour laisser une trace de son passage ou s'informer des derniers potins !

Cette transmission n'est pas forcément volontaire : le grignotage d'une plante par un herbivore libère des molécules qui, une fois dans l'air, peuvent être perçues comme des signaux de danger par les autres tissus de l'organisme ou par les plantes voisines. Elles se mettent alors à synthétiser des substances au goût désagréable, comme les tanins, afin de décourager les grignoteurs. Consommés en quantité suffisante, certains de ces composés peuvent causer la mort de ceux qui les ingèrent.

Des substances analogues aux hormones peuvent aussi être émises dans le milieu extérieur pour communiquer entre congénères ou espèces différentes. On parle de phéromones quand il s'agit d'informer des individus de la même espèce. Elles sont utilisées par des bactéries, végétaux, animaux, mais aussi champignons. Chez ces derniers, elles jouent un rôle fondamental dans la reproduction en permettant la reconnaissance des types sexuels. Chez certaines espèces, les phéromones produites par un individu déclenchent même la maturation des organes reproducteurs de ses partenaires potentiels.

Pour les insectes sociaux, comme les fourmis, l'intégralité de la vie sociale est régie par les phéromones. La nourriture, une fois repérée, est signalée par une piste odorante qui guide les congénères. Des phéromones d'alarme appellent à la rescousse si la colonie est attaquée. La reine produit des phéromones pour attirer les ouvrières qui prendront soin d'elle, tout en inhibant leur reproduction… Les individus se touchent du bout des antennes et créent ainsi une odeur commune à tous les membres de la colonie. Quiconque sent différemment est chassé sans ménagement !

LES PLANTES CONTRE-ATTAQUENT ?

Certaines histoires sensationnelles de plantes tueuses sont en fait très déformées. Des grands koudous, des antilopes maintenues dans des ranches sud-africains, sont morts après avoir consommé des feuilles d'acacias riches en tanins. Mais, si elles n'avaient pas été enfermées, elles seraient simplement allées manger autre chose ! Une légende urbaine raconte que les plants de tomates sont capables de rendre les chenilles cannibales… En réalité, le goût des tanins est si désagréable que les insectes auxquels on présente des feuilles rendues toxiques préfèrent manger des congénères morts, s'ils n'ont que ces deux options. Les tanins ne les rendent pas assoiffés de sang pour autant !

AVOIR DU NEZ

Les phéromones jouent un rôle si important que de nombreux vertébrés possèdent un organe spécialisé dans leur analyse : l'organe voméronasal, ou de Jacobson. Il sert notamment aux serpents pour chasser, mais joue aussi un rôle prépondérant lors de la reproduction. Les chevaux et félins mâles l'utilisent quand ils font une grimace bizarre appelée flehmen pour renifler les femelles. Il a presque disparu chez l'humain, chez lequel on ignore s'il joue encore un rôle aujourd'hui.

Les mammifères possèdent de multiples glandes dédiées aux phéromones situées à la base de la queue, entre les griffes, sur les joues… Un chat qui griffe un arbre et se frotte contre lui (ou les jambes d'un humain) marque en fait son territoire ! D'autres déposent urines, crottes et musc, une substance prisée en parfumerie, pour laisser des messages parfois très précis. Les loutres d'une même famille se roulent dans leur musc pour adopter la même carte d'identité olfactive. Chez certaines espèces, notamment de mammifères herbivores, c'est aussi à l'odeur que se crée le lien entre le petit et sa mère. Cet échange leur permet de se reconnaître et de se suivre très rapidement. C'est ce qu'on appelle l'empreinte. Si ce premier contact n'a pas lieu dans les heures qui suivent la naissance, les brebis ne s'occupent plus de leurs agneaux.

Il n'y a pas que chez les humains que le parfum est un accessoire de séduction : les odeurs servent bien souvent à trouver l'amour ! Les mâles de nombreuses espèces, y compris de papillons, de serpents ou de poissons, sont attirés par les phéromones des femelles réceptives. Ces messieurs usent aussi de leur urine odorante pour se faire remarquer. Ces odeurs contiennent d'ailleurs des informations sur le patrimoine génétique et immunitaire de leurs propriétaires, qui sont des critères d'importance pour le choix d'un partenaire. Mais les mâles utilisent souvent des stratégies plus tape-à-l'œil !

PARFUM DE PAPILLON

L'entomologiste Jean-Henri Fabre a suspecté l'existence des phéromones chez des papillons, les grands paons de nuit, dès la fin du XIXe siècle. En plaçant une femelle sous une cage grillagée avec la fenêtre ouverte, des dizaines de prétendants accourent, alors qu'aucun ne se présente si elle est placée sous une cloche hermétique. Irrésistible !

En mettre plein la vue

Informations urgentes ou de la plus haute importance, les couleurs vives font passer le message, littéralement, à la vitesse de la lumière. De nombreuses plantes à fleurs changent de couleurs pour guider leurs pollinisateurs : c'est le cas de *Lantana camara*, dont les pétales des fleurs arborent du jaune le jour de leur éclosion, avant de passer à l'orange puis au rouge. Seules les fleurs jaunes offrent du nectar et du pollen et les pollinisateurs ne s'y trompent pas : ils les visitent plus que les autres !

Fleurs de *Lantana camara*

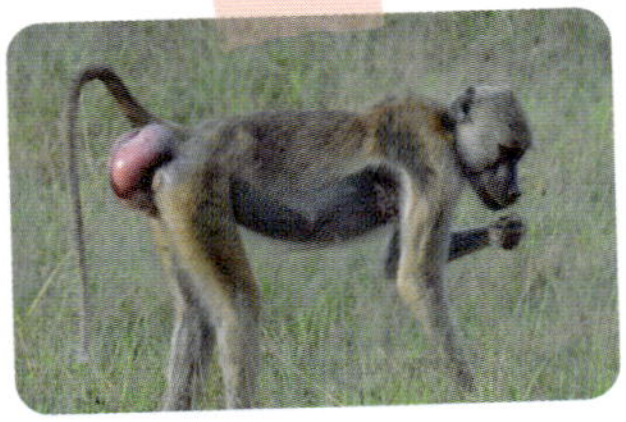

Femelle babouin jaune (*Papio cynocephalus*)

Mâle agame commun (*Agama lionotus*)

Mais les plantes ne sont pas les seules à utiliser des signaux visuels pour leur reproduction. Les fesses rouges et gonflées des femelles babouins préviennent tout le monde qu'elles sont prêtes à s'accoupler, et les mâles de nombreuses espèces misent sur le spectacle pour séduire : couleur, taille, forme... Ce sera à qui l'on voit le mieux ! Bois et cornes de toutes longueurs chez les cervidés et les bovidés, masses imposantes des mâles éléphants de mer ou couleurs éblouissantes des oiseaux et de certains lézards sont autant d'indices visuels utiles. Ces ornements, souvent lourds, voyants et encombrants, sont des signaux honnêtes : ils permettent d'estimer la santé, la force, l'âge, bref, la valeur du mâle qui les exhibe et parvient à survivre malgré ce handicap. C'est donc un sérieux concurrent et un très bon reproducteur ! Et des comportements sophistiqués, comme des danses ou des constructions plus ou moins exubérantes, viennent parfois compléter ces panoplies du petit séducteur.

Gourami nain (*Colisa Lalia*), non stressé donc coloré

La communication visuelle peut reposer sur de nombreux signaux, et elle ne se limite pas au contexte de la reproduction. Certains passent ainsi par toutes les couleurs de l'arc-en-ciel lorsqu'ils expriment leurs émotions : c'est le cas des pieuvres et des seiches, mais aussi des caméléons ou de certains poissons. Stressés, les gouramis habituellement flamboyants deviennent palots, alors que sous le coup d'une menace, les couleurs du caméléon de Jackson explosent !

AVOIR DES YEUX PARTOUT

Tous les animaux sociaux s'observent pour se jauger et comprendre les relations entre les membres du groupe. Certains pourraient donc être tentés de modifier leur comportement pour tromper leur audience. C'est le cas des canaris mâles, qui draguent des femelles inconnues quand ils sont seuls, mais qui s'en désintéressent... quand les femelles avec lesquels ils sont en couple les observent ! Ciel, mon épouse !

Des gestuelles précises sont également mises en place pour réguler les interactions entre congénères. Les mouvements des poils et des plumes, des oreilles, de la queue, des lèvres ou des yeux indiquent très clairement l'état physique ou émotionnel de celui qui les réalise. Encore faut-il avoir les codes : le sourire crispé des chimpanzés est par exemple un signe d'inconfort et non de joie. Enfin, il existe des danses pleines de sens qui ne servent pas à séduire. Celle des abeilles domestiques, qui vibrent et tracent des motifs en marchant, leur permet d'échanger des informations précises sur la quantité, la distance et la localisation de nourriture. Néanmoins, comme elle a lieu dans l'obscurité de la ruche, ce n'est pas par la vue que les butineuses récoltent de l'information, mais en touchant les danseuses du bout des poils et des pattes !

Chimpanzé crispé
(*Pan troglodytes*)

Flash lumineux

Même au fond des océans, on peut en prendre plein les yeux. Environ trois quarts des espèces qui y vivent sont bioluminescentes ! Cette émission de lumière, que l'on retrouve chez des algues, des champignons et des animaux divers (méduses, vers, arthropodes, poissons…), est due à l'action d'enzymes, les plus connues étant les luciférases, qui n'ont rien de diabolique. La bioluminescence serait apparue de manière indépendante presque 100 fois dans l'ensemble du vivant, autant dire que les façons de faire et les utilisations sont variées !

Champignon bioluminescent
(*Omphalotus nidiformis*)

Certains brillent en continu, d'autres par intermittence. Chez les protistes dinoflagellés, la durée des flashs lumineux varie selon les espèces : 80 millisecondes pour *Noctiluca scintillans* et jusqu'à une demi-seconde chez *Pyrocystis fusiformis.* Même chose pour l'intensité de la lumière émise, qui change selon la taille des cellules et le nombre de structures émettrices qu'elles contiennent : *Lingulodinium polyedrum* aurait en moyenne 320 « loupiottes » contre 100 000 à 200 000 chez *Noctiluca scintillans.* Les recherches sont toujours en cours, mais la bioluminescence jouerait des rôles dans l'attraction de proies, de partenaires, pour envoyer des messages ou repousser les ennemis ! Les champignons l'utiliseraient pour attirer des animaux susceptibles de disperser leurs spores et, comme briller est coûteux, ils le font surtout la nuit.

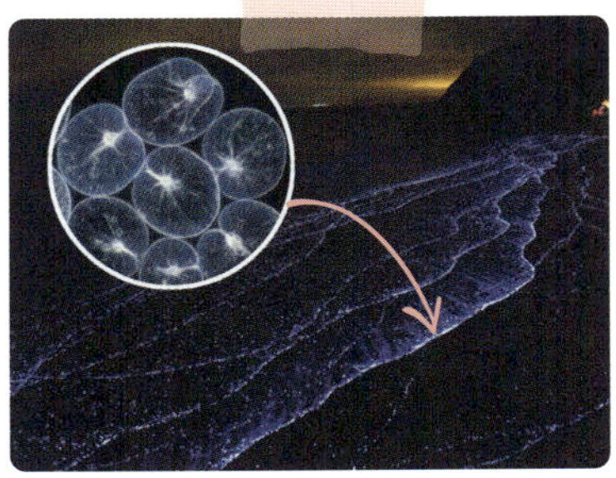

Plancton bioluminescent
(*Noctiluca scintillans*)

Chez de nombreux animaux marins, la bioluminescence est une affaire collective : ce sont des bactéries stockées dans des poches appelées photophores qui leur permettent de briller. C'est le cas des baudroies femelles, dont les pièges lumineux attirent les proies, ou de certains calamars : *Taningia danae* s'en servirait à la fois pour communiquer avec des congénères et pour éclairer, voire éblouir ses proies. Chez les animaux terrestres, la bioluminescence joue parfois un rôle répulsif. C'est le cas pour les larves des lampyridés, la famille des lucioles, qui préviennent les prédateurs potentiels qu'elles ne sont pas bonnes à manger. Mais ce qui les rend célèbres, c'est leur parade amoureuse lumineuse ! Adultes, les deux sexes d'une même espèce clignotent à un rythme précis, ce qui permet au mâle de retrouver la femelle pour s'accoupler.

Baudroie (*Diceratias pileatus*)

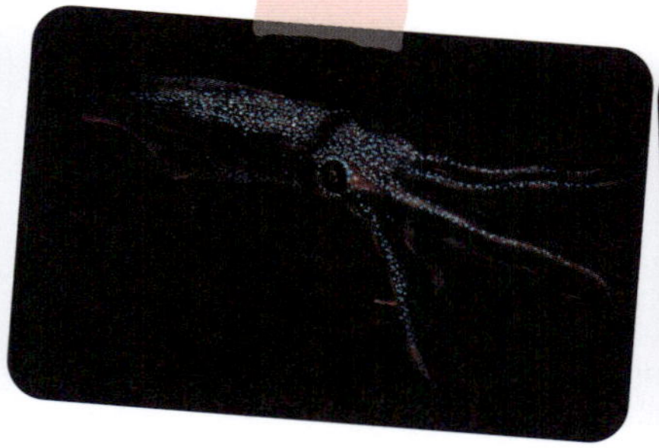

Calamar luciole (*Watasenia scintilans*)

Luciole (*Photinus pyralis*)

Bavardage et cacophonie

Pour échanger à distance, rien de tel que le bruit ! Même les unicellulaires peuvent se faire entendre : des travaux datant des années 1990 décrivent que les bactéries *Bacillus subtilis* émettent des sons de faible intensité, et que les colonies de *Bacillus carboniphilus*, pourtant placées dans des conditions défavorables, semblent y répondre en se multipliant. Est-ce que cette croissance découle d'une réelle interaction entre ces espèces ou d'un automatisme plus aléatoire, là réside encore toute la question…

Chez les animaux, les sons peuvent transmettre une foule d'informations sur l'identité, la localisation, le nombre, les intentions, le statut social ou même les émotions des émetteurs. Il semblerait que chacun possède une signature individuelle qui lui permet d'être reconnu. Celle-ci peut résulter d'une particularité physique (la voix) et/ou de sons qu'il est le seul à produire (sa marque de fabrique en quelque sorte). Chez les grands dauphins, chaque individu produit un sifflement signature unique, utilisé pour maintenir le contact entre les membres du groupe quand ils sont séparés. D'autres individus peuvent copier ce cri signature d'un congénère pour attirer son attention, un peu comme s'ils l'appelaient par son nom. Les grands corbeaux, eux, identifient le cri d'un voisin de volière trois ans après l'avoir entendu pour la dernière fois, et y réagissent différemment selon leur relation passée !

À l'inverse, certains signaux semblent assez universels, y compris entre espèces différentes. C'est le cas des cris de détresse poussés lorsqu'un animal est acculé ou attrapé par un prédateur, qui déclenchent la fuite de tous ceux qui les entendent. Ces cris sont d'ailleurs diffusés pour éloigner les oiseaux des pistes d'aéroport. Au-delà du message qu'ils véhiculent, les cris peuvent aussi servir à mesurer les forces en présence. Les lionnes comptent par exemple les cris des intrus et évaluent leurs chances de victoire en cas de conflit. Elles s'approchent de la source du son bien plus rapidement quand elles perçoivent les cris d'une lionne seule que lorsqu'elles entendent un groupe ! Si elles sont en infériorité numérique, elles peuvent rugir pour appeler des copines à la rescousse. Et pas besoin de voix pour faire du bruit : pour repousser les ennemis, certains insectes produisent un sifflement avec leurs ailes en guise d'avertissement !

Mâle araponga blanc (*Procnias albus*)

ENVOYEZ LES DÉCIBELS !

Le mâle araponga blanc est l'un des oiseaux les plus bruyants au monde. Ses cris atteignent les 120 décibels, plus fort qu'un marteau piqueur ! Et ce n'est rien à côté des 230 décibels atteints par les clics des cachalots (qui sont heureusement très courts). La crevette pistolet *Synalpheus parneomeris* flirte quant à elle avec les 190 décibels (plus fort qu'un pistolet) en claquant son unique pince. Saluons aussi la performance du micronecte bruyant, un petit insecte d'eau qui atteint 100 décibels... en frottant son pénis contre son abdomen !

Micronecte bruyant (*Micronecta scholtzi*)

Souvent, plus un animal est gros, plus il produit des sons graves. Les cris peuvent donc informer sur le sexe, l'âge, mais aussi le poids de l'individu qui les pousse ! Voire sur sa forme physique, car faire du bruit demande de l'énergie. Et certaines espèces font passer leurs messages à des distances impressionnantes : plus d'un kilomètre pour les lions, les éléphants, les singes hurleurs et certaines cigales, et plusieurs centaines de kilomètres sous l'eau pour les cétacés comme les baleines bleues.

Enfin, la communication sonore est aussi très utilisée en période de reproduction, et les doux bruits du printemps ont un sens bien peu poétique... L'allongement de la durée du jour déclenche la production d'hormones et c'est parti pour les ritournelles ! Les mâles délimitent leur territoire, repoussent les concurrents et attirent les partenaires en faisant du bruit. Si les grenouilles et les oiseaux chantent, de nombreux insectes utilisent d'autres instruments. Les sauterelles et les grillons stridulent en frottant légèrement leurs ailes entre elles, alors que les criquets grattent leurs ailes sur leurs pattes arrière, comme un archet sur les cordes d'un violon. Les mâles cigales possèdent un abdomen presque entièrement creux où se trouvent des cymbales. Ces membranes rigides, tordues 300 à 400 fois par seconde grâce à des muscles spécialisés, produisent un son caractéristique. Les manakins à ailes blanches font figure d'exception parmi les oiseaux : au lieu de chanter, ils font claquer des plumes modifiées en un bruit unique au monde !

PAROLE AUX DAMES

À quelques exceptions près, comme les chattes en période de chaleur, ce sont plutôt les animaux mâles qui font du bruit pour séduire. Chez les oiseaux des milieux tempérés, on a longtemps cru que seuls les mâles donnaient de la voix, mais c'est faux : les femelles rouges-gorges, étourneaux, hirondelles rustiques chantent aussi ! La faute aux scientifiques masculins qui s'intéressent surtout aux mâles ? Sous les tropiques, où il n'y a pas de période de reproduction limitée dans le temps, les deux sexes chantent autant.

N'oubliez pas les paroles

Diamants mandarins (*Taeniopygia guttata*)

Pour communiquer, il est essentiel que tous les membres du groupe donnent le même sens aux signaux qu'ils utilisent. Nombreux sont les messages olfactifs, tactiles, visuels ou sonores qui nécessitent une phase d'apprentissage. C'est notamment le cas de la danse des abeilles ! Côté vocalises, cela concerne aussi bien les oiseaux que certains mammifères, comme les chauves-souris, les dauphins, les phoques ou les éléphants.

Pour être capables de chanter correctement, les oisillons doivent entendre le chant des mâles de leur groupe. Sans cela, leurs vocalises plaisent beaucoup moins aux femelles ! Il faut 90 jours à un jeune diamant mandarin pour mémoriser le chant de son père puis babiller et répéter ses gammes, avant que son chant ne se fixe pour toujours. Chez d'autres espèces, comme les canaris, le chant peut évoluer d'une année sur l'autre : ils apprennent toute leur vie ! Et le babillage est manifestement une pratique répandue : les bébés chauves-souris de l'espèce *Saccopteryx bilineata* répètent aussi les sons des mâles, même quand ils sont tout seuls !

Saccoptère à deux bandes (*Saccopteryx bilineata*)

Cet apprentissage en plusieurs phases d'écoute et d'entraînement se retrouve aussi chez les jeunes humains qui apprennent à parler. Et la comparaison ne s'arrête pas là, car si on discerne des particularités régionales dans les langues humaines, de nombreuses autres espèces animales possèdent également des dialectes propres à des groupes familiaux ou à des zones géographiques. Des oiseaux, mais aussi des groupes d'orques, de dauphins et même de rats-taupes-nus, adoptent des particularités vocales localisées, qui se transmettent socialement.

On parle de convergence vocale quand les cris de congénères deviennent similaires. Ces dialectes locaux, diffusés des parents aux enfants et entre individus du même âge sont un exemple de transmission culturelle.

~ CHANSON À LA MODE ~

Les mâles baleines à bosse chantent pour attirer les femelles. Et si chacun a ses particularités sonores, lorsqu'ils migrent à travers le Pacifique Sud, les chansons des individus se modifient au fil de leur voyage et de leurs rencontres. Elles convergent en un tube de l'été que tous entonneront, et qui changera ensuite progressivement chaque année.

Sur le bout de la langue

Même s'il n'existe pas de définition du langage qui fasse l'unanimité (décidément…), certains scientifiques distinguent la communication vocale, observée chez de nombreux animaux, du langage, qui serait propre à l'humain. D'aucuns affirment au contraire qu'il existe des langages chez d'autres animaux. La frontière reste encore très floue et plusieurs découvertes suggèrent que certaines caractéristiques du langage humain sont retrouvées chez d'autres espèces ! Mais quelles sont les particularités du, ou plutôt des, langages humains, au juste ?

Perroquet Gris du Gabon
(*Psittacus erithacus*)

Qu'ils soient articulés vocalement ou signés, les langages humains sont définis comme des systèmes capables d'encoder et d'exprimer la pensée (tout un programme !) et ils permettent de véhiculer des idées particulièrement complexes. Leur étude est d'ailleurs une discipline à part entière : la linguistique. Les humains agencent des mots, détenteurs d'un sens, dans un ordre spécifique pour former un message auquel des niveaux de signification supplémentaires peuvent être ajoutés, par exemple via les intonations de la voix. Leur particularité réside dans la subtilité et l'articulation des

~ PERROQUET CAUSEUR ~

La chercheuse Irene Pepperberg a enseigné pendant des années le sens des mots au perroquet Alex, un Gris du Gabon. Elle s'assurait de sa compréhension en lui posant des questions précises sur l'aspect ou le nombre des objets qu'elle lui présentait. Alex a pu citer 7 couleurs, 5 formes, compter jusqu'à 6 et former des phrases simples. En combinant tout ce qu'il avait appris, il pouvait désigner jusqu'à 100 objets différents !

informations échangées : les humains peuvent discuter de personnages fictifs, d'objets abstraits et d'événements distants dans le temps et l'espace. Ils peuvent même parler de l'action de discuter !

Néanmoins, on retrouve des phénomènes qui évoquent la syntaxe, c'est-à-dire les règles de combinaison des mots pour former des phrases, chez d'autres espèces animales. Les chants des oiseaux sont par exemple constitués de motifs répétés, avec des syllabes et des combinaisons rappelant des phrases. Les figures de la danse des abeilles pourraient également être comparées à des mots, chacune étant porteuse d'un sens spécifique. Les mones de Campbell, des petits singes africains, combinent quant à eux des cris précis en une protosyntaxe : leur message dépend de l'ordre dans lequel ils les émettent. Un cri spécifique signale les dangers aériens, un autre les menaces terrestres, et un suffixe peut leur être ajouté pour préciser le niveau de danger, par exemple. Les poules domestiques utilisent un système similaire, un peu plus simple. Celles qui entendent l'alarme adaptent leur comportement en fonction de la nature de la menace : elles se perchent en hauteur ou se camouflent au sol.

PAROLES DE SINGES

Incapables de parler à cause de la position de leur larynx, des grands singes ont appris à communiquer en langue des signes. Certains sont arrivés à des résultats impressionnants, comme Washoe, une femelle chimpanzé qui a appris 132 signes, ou la fameuse gorille Koko et ses 500 signes officiels. Cependant, en prenant l'humain comme point de départ, ces expériences passent à côté de la complexité des modes de communication entre congénères.

Et la syntaxe n'est pas la seule similitude entre les langages des humains et des autres animaux ! On pourrait aussi citer le besoin d'apprentissage et l'apparition de spécificités locales, comme chez les orques ou les oiseaux. On dénombre environ 7 000 langues et dialectes humains parlés et signés ! Malheureusement, en linguistique comme en biologie, les lois de l'évolution sont dures et certaines langues s'éteignent. C'est une des conséquences de la mondialisation des sociétés humaines : le nombre de gens qui parlent les langues dominantes augmente et les dialectes disparaissent. Cette perte de diversité linguistique trace un parallèle glaçant avec la disparition des espèces… Les petits du méliphage régent, un oiseau originaire d'Australie, apprennent leurs chants en imitant les adultes après avoir quitté le nid. Mais ces oiseaux deviennent si rares que les petits ne trouvent plus assez de tuteurs et copient les chants d'oiseaux d'autres espèces ! Or, ces chants plaisent moins aux femelles, ce qui risque de précipiter la disparition de ces méliphages originaux… Et oui, la communication, c'est souvent une question de survie !

Méliphage régent
(*Anthochaera phrygia*)

Molécules de signalisation, cocktails d'odeurs capables de voyager loin, parures colorées, gestuelles ritualisées ou mélodies culturelles, la communication entre les êtres vivants mobilise toutes les sensorialités et permet des échanges d'informations parfois extrêmement précis ! Un simple son peut révéler tout le *curriculum vitae* de son émetteur, les plantes sont informées à distance de la présence d'herbivores et les bactéries, voire les virus, sont capables de se coordonner. Comme quoi, tous les êtres vivants ont des choses à se dire !

Alors, d'après vous, qui la gagne, cette battle de la communication ?

TOUR DE COMMUNICATION
LANGAGE
ABC
A
SONS
MOUVEMENTS
VISUEL
ODEURS
MOLÉCULES

À la guerre comme à la guerre

Les amibes peuvent-elles tomber malades ?

Catastrophes naturelles, produits toxiques, contraintes diverses et variées : l'environnement est rempli de menaces pour les êtres vivants... À commencer par les autres êtres vivants ! Personne n'est à l'abri des prédateurs et des agents infectieux. Même les virus peuvent être parasités par des virus ! Alors comment faire pour échapper aux autres espèces ?

La battle de la défense est déclarée ouverte !

On me voit, on me voit plus

Il y a de nombreuses façons d'éviter de se faire grignoter par le premier prédateur venu. La première est de ne pas se faire repérer. Certaines espèces sont ainsi de vraies maîtresses du camouflage, adoptant des apparences qui leur permettent de se fondre dans leur environnement. De nombreux insectes se font passer pour des morceaux de végétaux, comme les phasmes (feuilles ou bâtons) ou les papillons Bucéphales. De leur côté, certaines plantes adoptent des teintes qui leur permettent de se confondre avec les roches au milieu desquelles elles poussent.

Phasme feuille (ordre des Phasmatodea)

Le camouflage varie parfois selon les saisons (des animaux polaires adoptent des plumages ou pelages blancs l'hiver) ou les périodes de la vie (les juvéniles de nombreuses espèces ont des motifs particuliers qui les dissimulent). Il peut même s'adapter à la situation en temps réel ! Les céphalopodes, comme les pieuvres et les seiches, sont capables de se fondre quasi instantanément dans leur environnement : ils changent de couleur en modifiant la taille de cellules colorées de leur peau et ajustent leur texture en faisant jouer de nombreux petits muscles. Et hop, un nouveau rocher, plus vrai que nature !

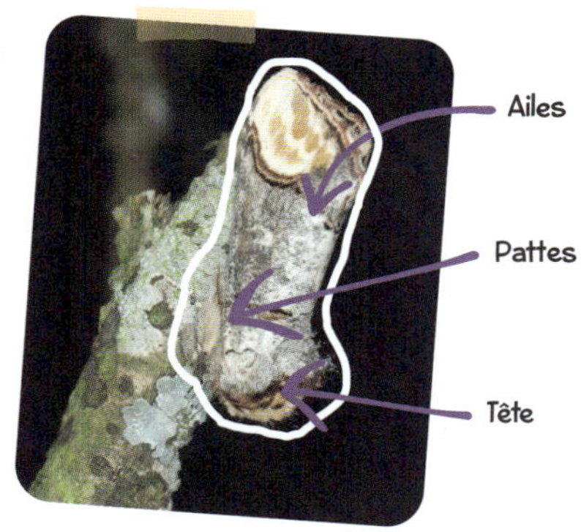

Papillon Bucéphale (*Phalera bucephala*)

Mais le camouflage n'est pas forcément visuel. Pour être efficace, il doit être adapté au sens utilisé par le prédateur pour repérer ses proies. Ainsi, les écailles des papillons absorbent les ultrasons utilisés par les chauves-souris et perturbent leur écholocation ! Certaines espèces émettent même leurs propres sons pour brouiller le signal. De leur côté, les seiches qui repèrent des requins adaptent leur comportement pour diminuer leurs émissions électriques et échapper aux ampoules de Lorenzini ! Il y a une compétition permanente entre chasseur et chassé : le premier qui repère l'autre a un avantage. À défaut d'être suffisamment discret en permanence, être attentif permet de réagir rapidement pour essayer de se mettre à l'abri.

Pieuvre très bien camouflée

Rainette à yeux rouges
(*Agalychnis callidryas*) avec ses oeufs

Algue unicellulaire
(*Emiliania huxleyi*)

Même pas mal

Quand on est vif et qu'on a une cachette accessible, autant esquiver le prédateur en se mettant en sécurité. Certaines espèces sont capables de prouesses en la matière ! Les embryons de la rainette à yeux rouges peuvent par exemple détecter les attaques de serpent et s'échapper en sortant prématurément de leurs œufs.

Si elle échappe à nos yeux, les micro-organismes aussi livrent une bataille sans merci pour leur survie. Celle-ci peut prendre la forme d'une course poursuite ou d'esquives plus originales ! Ainsi, la très esthétique microalgue *Emiliania huxleyi* utilise la reproduction asexuée pour échapper à un virus. En effet, celui-ci peut infecter la forme diploïde de l'algue, mais pas sa forme haploïde (voir p. 29). En cas d'épidémie, une petite méiose lui permet donc de passer inaperçue et de continuer à proliférer en attendant que le danger ne disparaisse…

En dernier recours, certains organismes se débrouillent carrément pour sacrifier une partie de leur corps au prédateur, permettant au reste de fuir et de survivre. C'est évidemment délicat pour les unicellulaires, mais c'est de la routine pour les plantes, certains champignons et certains protistes (dont des algues pluricellulaires). Après tout, à défaut de pouvoir s'échapper, autant s'adapter aux pertes inéluctables ! Mais pour ça, il vaut mieux être capable de faire repousser les parties disparues : la croissance continue des plantes est un vrai avantage (voir pp. 44-45).

TEL EST PRIS QUI CROYAIT FUIR

Fuir pour éviter un prédateur a l'air d'une bonne idée. Mais la nature est impitoyable et certaines espèces ont appris à profiter de ce comportement ! Ainsi, les goélands argentés et les tortues des bois tapotent le sol pour en faire sortir les vers de terre : ceux-ci, pensant identifier les mouvements d'une taupe, leur prédateur principal, se précipitent vers la surface pour se mettre à l'abri… Raté.

Cela dit, il y a quand même des animaux capables d'abandonner une partie de leur corps à un prédateur pour couvrir leur fuite. C'est notamment le cas de certains reptiles et amphibiens (qui sacrifient leurs queues), d'invertébrés (les étoiles de mer abandonnent des bras, certaines araignées des pattes, certains crabes des pinces, certains papillons les traînes de leurs ailes…), mais aussi de mammifères : certains rongeurs peuvent sacrifier une partie de leur queue. Tous ces animaux ne sont pas capables de faire repousser les membres perdus, mais quand ils le peuvent, cela reste coûteux.

Cette méthode de défense assez extrême porte un nom tout mignon : l'autotomie. Les concombres de mer en pratiquent une version tellement hardcore qu'on parle d'éviscération. En effet, ils projettent carrément une partie de leurs organes internes ! Le détail varie selon les espèces, mais cela peut concerner leur tube digestif, leur appareil reproducteur, voire leur arbre respiratoire… qui colle aux prédateurs et peut contenir des toxines. Forcément, c'est dissuasif (et aussi improbable que ça puisse paraître, ça repousse).

Eviscération d'une holothurie léopard (*Bohadschia argus*)

Qui s'y frotte, s'y pique

Les concombres de mer ne sont pas les seuls à miser sur la dissuasion pour échapper à leurs prédateurs. De nombreux organismes anticipent la confrontation en se parant d'atours qui, d'emblée, découragent les gourmands. Épines, aiguilles et autres piquants sont particulièrement répandus dans le monde végétal. Certaines plantes adaptent même leur morphologie en fonction du risque : les feuilles de houx sont piquantes sur les branches basses, où elles risquent d'être mangées, et lisses au sommet de l'arbuste, où elles sont moins menacées.

Deux formes des feuilles de houx

Mais aucune stratégie n'est parfaite ! Même le Gympie Gympie (*Dendrocnide moroides*), un arbuste australien urticant considéré comme le plus douloureux au monde et capable de provoquer des problèmes respiratoires si on reste simplement à ses côtés, se fait manger par certains animaux. Ces derniers ne sont d'ailleurs pas en reste pour se protéger : coquilles, carapaces ou piquants, ils ont leur propre collection de morphologies dissuasives. Les daphnies, des crustacés de quelques millimètres, changent même de forme en temps réel, pour devenir plus pointues quand elles détectent des prédateurs.

Si l'aspect ne suffit pas, il est aussi possible de se rendre désagréable à manger. Une vraie guerre chimique oppose les proies, qui fabriquent des composés toxiques ou dégoûtants, et les prédateurs, qui s'y adaptent ou apprennent à éviter certaines victimes potentielles. Les végétaux sont de vrais experts en la matière : de l'odeur répulsive de la menthe au précurseur du cyanure mortel contenu dans le manioc, leur arsenal est très développé. Celui des champignons est aussi très efficace, incitant même les cueilleurs humains à rester vigilants.

Les animaux ne sont pas en reste pour l'utilisation de composés toxiques, qu'ils récupèrent parfois via leur alimentation, piratant ce qui servait initialement de défense à des plantes ou des micro-organismes (le poisson Fugu devient par exemple toxique à cause des bactéries qu'il ingère). L'inconvénient de cette stratégie du mauvais goût, c'est que l'apprentissage des prédateurs a un coût. Ils ne peuvent se rendre compte de la toxicité de leurs proies qu'après les avoir mangées. Ça reste utile à l'échelle de l'espèce, mais assez risqué à celle de l'individu. Pour améliorer ses chances, autant prévenir du danger en avance !

LES HUMAINS : PIRATES EN CHEF

Les humains ont poussé très loin l'art de détourner les molécules de défense des autres organismes. La toxicité de certaines en fait de bons poisons pour chasser (voire assassiner, comme la ricine). D'autres leur servent de psychotropes, comme la cocaïne ou la psilocybine. La caféine et la nicotine, moins violentes mais pas inoffensives pour autant, sont également appréciées, tout comme les tanins du vin rouge. Mais les molécules de défense sont surtout très utilisées en médecine ! Morphine, quinine, aspirine... La liste est longue ! Ça paraît logique dans certains cas : les antibiotiques servent d'antibactériens à la fois pour les organismes qui les produisent et pour les humains. Mais d'autres exemples sont plus surprenants : le taxol, qui rend les ifs toxiques, est par exemple utilisé pour traiter le cancer !

Grenouille dendrobate (*Dendrobates auratus*)

Certains organismes adoptent ainsi une approche complètement opposée au camouflage : l'aposématisme, qui consiste à se rendre visible en portant des signaux qui signifient « me manger est une très mauvaise idée ». Une coccinelle rouge ou une grenouille dendrobate aux couleurs flashy ne sont pas mises en danger par leur manque de discrétion, au contraire. Différentes espèces peuvent même évoluer pour présenter le même aspect dissuasif et répartir entre plus d'individus les pertes liées à l'apprentissage des prédateurs : ce n'est pas pour rien que de nombreux insectes piqueurs ont des rayures jaunes et noires.

Serpent corail (*Micrurus tener*)

Couleuvre faux-corail (*Lampropeltis triangulum*)

UN SIGNAL PAS SI HONNÊTE

Certains organismes profitent sans scrupule de la signalisation des espèces toxiques... en adoptant le même look sans être toxiques ! Alors que les serpents corail arborent des anneaux rouges, jaunes et noirs qui indiquent leur toxicité, les serpents faux-corail se contentent de reprendre ce motif pour assurer leur protection.

Chenille de papillon sphinx (*Hemeroplanes triptolemus*)

Action, réaction

Si le prédateur finit par attaquer malgré toutes les ruses mises en place, il reste des solutions pour le pousser à passer son chemin. Par exemple : lui faire croire qu'il est lui-même en danger. Ça peut passer par une posture menaçante, un gonflement des poils, voire des formes spécifiques de mimétisme. Les chenilles des papillons *Hemeroplanes triptolemus* gonflent la partie avant de leur corps pour lui donner une impressionnante apparence de tête de serpent, mouvement inclus ; les grands murins, des chauves-souris, imitent des bourdonnements d'insectes piqueurs pour faire partir les chouettes... Mais il est aussi possible d'essayer de décourager le prédateur en lui donnant l'impression que la proie est de mauvaise qualité. Pour ça, certains animaux font semblant d'être morts. Les opossums et les couleuvres poussent le réalisme assez loin, en libérant des fluides corporels pour un effet repoussoir maximal. Certaines plantes, comme les passiflores, trompent quant à elles les insectes en développant des motifs qui ressemblent à des œufs : inutile de s'investir si la place est déjà occupée !

Autre option : la jouer agressif en ripostant. Et pas besoin d'être imposant ! Les ostracodes sont des crustacés microscopiques bioluminescents. Quand ils se font avaler par un poisson, ils émettent un flash lumineux qui le rend visible par ses propres prédateurs et le pousse à recracher immédiatement sa proie. Si un crapaud a la mauvaise idée de gober un coléoptère bombardier, il s'expose de son côté à un jet acide et brûlant. Et un insecte s'attaquant au mauvais arbre risque de finir coincé dans de la résine ou du latex. Mais tout le monde n'attend pas de se faire croquer pour agir.

Avant ça, beaucoup d'animaux se débattent, voire se battent, comme le ratel, un cousin du blaireau de la taille d'un petit chien, qui est considéré comme l'animal le plus féroce au monde. Il n'hésite pas à affronter serpents et scorpions, dont il tolère le venin à un coma temporaire près, mais aussi lion ou hyène, dont il vise les parties génitales. Pas de scrupule qui tienne. Impressionnant dans un autre registre, le lézard à cornes fait gicler son sang, toxique, à plus d'un mètre de distance… par ses yeux. Certains champignons peuvent aussi se montrer redoutables : avis aux petits vers qui voudraient attaquer des pleurotes, méfiez-vous ! Elles peuvent vous paralyser et vous dévorer elles-mêmes.

Ratel (*Mellivora capensis*)

Lézard à cornes (*Phrynosoma cornutum*)

Enfin, dans la lutte incessante pour la survie, rien n'oblige à se débrouiller seul et beaucoup d'organismes comptent sur la force du collectif. L'entraide peut avoir lieu au sein d'une même espèce, en se prévenant du danger. Quitte à miser sur le nombre pour dissuader les attaquants ou créer de la confusion ! Dans certains cas, des héros se sacrifient pour le bien du groupe : les abeilles qui piquent un ennemi et s'éviscèrent parce que leur dard est coincé protègent leur colonie, tout comme les guerrières fourmis qui, dans certaines espèces, se font littéralement

Chenille de sphinx du tabac (*Manduca sexta*) couverte de cocons de guêpes parasitoïdes

exploser pour éliminer les adversaires. Il arrive également que des espèces différentes s'entraident, chacune y trouvant son intérêt. Plusieurs groupes d'acacias fournissent ainsi des abris aux fourmis, qui protègent en retour les plantes des éventuels agresseurs. D'autres végétaux, lorsqu'ils se font grignoter par des chenilles, libèrent des composés volatils qui attirent des guêpes parasitoïdes. Celles-ci viennent alors pondre leurs œufs dans les chenilles et contribuent, à terme, à réduire la population de ces herbivores.

Soi versus le monde

La diversité des mécanismes de défense contre les prédateurs est une bonne illustration de la complexité que peut atteindre le vivant après des millions d'années d'évolution, quand des organismes mènent un combat perpétuel les uns contre les autres. Chaque innovation d'un côté finit par être contrecarrée par une adaptation de l'adversaire, jusqu'à ce qu'apparaisse l'innovation suivante et ainsi de suite, dans une sorte de jeu d'équilibre où tout bouge sans arrêt. Les spécialistes décrivent ce phénomène comme une course aux armements !

Il se passe exactement la même chose concernant les interactions entre les agents infectieux et les organismes qu'ils parasitent. La complexité des mécanismes en œuvre est telle que, même chez une espèce aussi étudiée que l'humain, il reste encore des choses qu'on ne comprend pas et on fait régulièrement de nouvelles découvertes. Alors que dire des organismes moins scrutés par les chercheurs… Les pages qui vont suivre sont à prendre avec beaucoup de modestie. Il n'empêche que quand on s'intéresse aux défenses immunitaires, on se rend compte qu'il y a des grands principes qui reviennent dans tout l'arbre du vivant, et qu'on peut décrire en restant dans l'analogie guerrière.

PLAIDOYER POUR LES AGENTS INFECTIEUX

On parle généralement d'immunité en se plaçant du côté des organismes infectés, mais n'oublions pas que les agents infectieux font aussi partie du vivant (*grosso modo*, ne chipotons pas avec les virus). Si c'est logique d'avoir envie de défendre les assiégés, les assaillants ne sont pas plus « coupables » que les prédateurs.

La clé centrale c'est que, pour préserver son intégrité physique, un organisme doit être capable de distinguer ce qui le constitue de ce qui est étranger. Autrement dit, de faire la différence entre le « soi » et le « non soi » (ou, dans certains cas comme les cancers, le « soi modifié »), c'est-à-dire l'ennemi potentiel. C'est en effet essentiel pour pouvoir attaquer et détruire les adversaires sans se blesser soi-même. Mais ce n'est pas si évident : l'origine commune des êtres vivants fait qu'ils ont un certain nombre de similitudes, notamment sur le plan moléculaire ! D'ailleurs, il y a des échecs. Quand le système de protection n'est pas assez efficace, les agents infectieux causent des maladies, parfois mortelles. Et quand les défenses ne sont pas assez spécifiques et se mettent à attaquer les mauvaises cibles, des allergies voire des maladies auto-immunes peuvent apparaître.

Vous ne passerez pas !

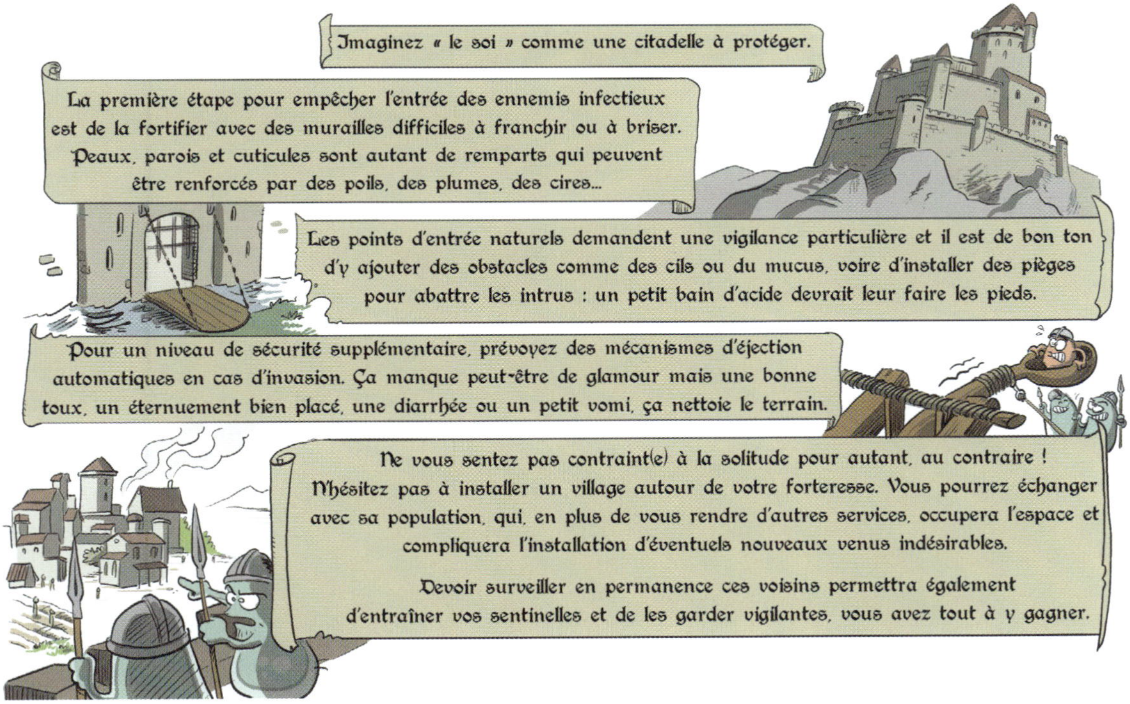

Évidemment, l'organisation exacte et les structures changent d'un organisme à l'autre, mais ces grands principes sont mis en œuvre par à peu près tout l'arbre du vivant. Les habitants du « village » peuvent correspondre à différentes sortes d'organismes : procaryotes, virus, petits protistes, champignons, voire petits animaux, comme les acariens. Ils forment de véritables écosystèmes, connus sous les noms de microbiote ou flore commensale, qu'on ne retrouve pas que dans les intestins ! Ils sont présents à l'intérieur de différents organes mais aussi à la surface des organismes.

Ces protections ne suffisent malheureusement pas à bloquer tous les agents infectieux. Des petits malins se faufilent par les orifices existants (y compris les stomates des plantes (voir p. 56), d'autres profitent des blessures, et les plus habiles pratiquent eux-mêmes des ouvertures dans lesquelles se glisser. Il faut donc prévoir d'autres lignes de défense. La diversité des stratégies mises en place est telle que même les biologistes moléculaires les plus déterminés tremblent quand on évoque l'immunologie. Sans se perdre dans les détails, quelques techniques reviennent de façon régulière dans l'arbre du vivant. Faisons un petit tour d'armurerie !

Une caisse à outils bien remplie

Comme on l'a déjà évoqué, la première étape pour se défendre est de repérer les éléments étrangers. Comme pour la perception sensorielle, cela demande des récepteurs spécifiques. Il en existe une très large gamme : certains se baladent dans les organismes pluricellulaires, d'autres sont situés à la surface ou à l'intérieur des cellules. Chacune de ces sentinelles possède l'équivalent moléculaire d'une paire de jumelles spéciales, qui leur permettent de repérer des choses qui ne sont pas censées se trouver là. Parfois de façon assez large, parfois de façon très spécifique.

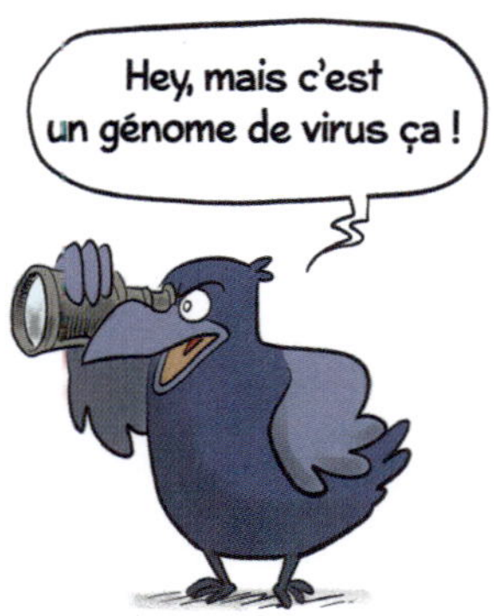

En général, l'activation du récepteur déclenche une cascade de signalisation, comme si des messagers moléculaires avertis par la sentinelle se transmettaient l'information de proche en proche. Cette chaîne de diffusion peut même passer d'une cellule à l'autre, pour que tout l'organisme soit informé de la menace et puisse y réagir. À la réception, on trouve souvent des protéines particulières qu'on appelle les facteurs de transcription : ce sont des interrupteurs à gènes ! Les enclencher permet de lancer l'expression de nombreux gènes simultanément (parfois des centaines, voire des milliers), parmi lesquels certains produisent de nouvelles molécules de signalisation ou de nouveaux facteurs de transcription… Un unique signal déclenche ainsi une réponse coordonnée sur plusieurs fronts, un vrai branle-bas de combat génétique !

À l'inverse, se débrouiller pour bloquer l'expression du génome de l'adversaire est une stratégie de défense prisée, dont on retrouve des variations dans tout l'arbre du vivant. Les eucaryotes peuvent par exemple détecter certains ARN viraux et déclencher leur coupure, alors que les procaryotes ont tout un arsenal permettant de découper les ADN étrangers. Un coup de ciseau et c'est tchao !

Enfin, le vivant semble être globalement prêt à faire des sacrifices pour résister aux envahisseurs. En cas d'infection, les plantes déclenchent une réaction hypersensible qui conduit à la mort des cellules infectées pour protéger le reste de l'organisme. Une sorte de confinement local, qui empêche la menace de se répandre. Les animaux font à peu près la même chose via des mécanismes très différents : parmi les nombreux types de cellules immunitaires qui patrouillent dans ces organismes, plusieurs sont capables d'achever les cellules contaminées et d'éliminer les débris. Même les unicellulaires sont concernés ! Lorsqu'elles sont menacées, certaines bactéries adoptent un mode de vie ralenti, moins vulnérable. Voire finissent par déclencher leur propre mort, ce qui permet de protéger leurs voisines… qui ont de bonnes chances de faire partie de la même lignée. Il s'agit de la conséquence de mécanismes moléculaires automatiques, pas d'un choix conscient, même si ça ressemble à une forme de sacrifice familial.

En général, les mécanismes de défense immunitaire sont classés en deux grandes catégories. D'une part la réponse immunitaire innée, qui se met en place rapidement grâce à des mécanismes peu spécifiques. Une sorte de première ligne de défense, qui pare au plus pressé sans faire dans la finesse. D'autre part la réponse immunitaire adaptative, moins rapide mais qui cible précisément un agent infectieux : des troupes plus spécialisées et qui ont besoin d'un peu de temps pour s'organiser.

Cette distinction entre réponse immunitaire innée et adaptative est basée sur ce qui a d'abord été observé chez les humains, mais elle s'élargit plutôt bien au reste du vivant. Et les deux parties de l'armée immunitaire communiquent : les informations recueillies par les troupes de l'immunité innée sont utiles pour préparer l'immunité adaptative !

Round 1 : l'immunité innée, toujours au taquet !

L'immunité innée est vraisemblablement très ancienne. Même si les mécanismes varient, elle semble en effet exister chez tous les êtres vivants. Chez les procaryotes, elle passe principalement par des systèmes moléculaires capables de protéger le génome de la cellule et de dégrader celui des virus qui la menacent. Mais certaines défenses empêchent aussi l'installation des virus, ou la copie de leurs génomes pour fabriquer de nouveaux virus.

Chez les amibes, des eucaryotes unicellulaires, il y a une continuité entre la chasse et l'immunité : que ce soit pour se nourrir ou se défendre, elles gobent des bactéries par phagocytose (voir p. 65). C'est alors la cellule entière (donc l'organisme) qui est mobilisée. Quand les amibes de l'espèce *Dictyostelium discoideum* se rassemblent pour former la sorte de limace évoquée dans le chapitre sur la reproduction (voir p. 35), certaines patrouillent dans cette entité composite et absorbent les bactéries et les toxines qui pourraient lui nuire. Ces cellules sentinelles, abandonnées lors du déplacement de la limace une fois leur fonction remplie, constituent un système immunitaire ponctuel chez un organisme habituellement unicellulaire !

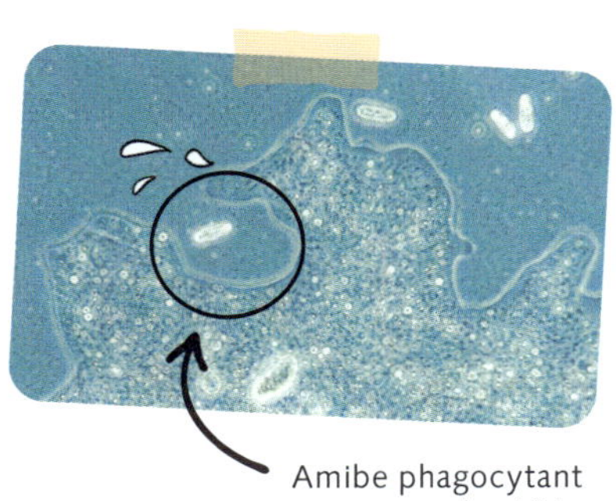

Amibe phagocytant une bactérie

Tous les animaux semblent aussi avoir une immunité innée, basée sur des récepteurs capables de reconnaître des éléments étrangers, comme des parois de bactéries ou des génomes de virus. En réponse, ils déclenchent des voies de signalisation qui permettent, entre autres, de produire des molécules de défense. Certaines sont de très courtes protéines, fragilisant voire détruisant les agents infectieux. Appelées défensines (au moins, le nom est clair), on en retrouve aussi chez les plantes et les champignons (même les bactéries produisent ce genre de molécules antibactériennes, pour éliminer la concurrence). Mais les vertébrés et les insectes ne s'arrêtent pas là : en plus de leur arsenal moléculaire, ils possèdent des cellules immunitaires pour se défendre ! Comme les amibes, certaines d'entre elles utilisent la phagocytose pour détruire les agents infectieux et les cellules contaminées. Et tous ces outils de défense profitent du système circulatoire pour se déplacer rapidement dans l'ensemble de l'organisme.

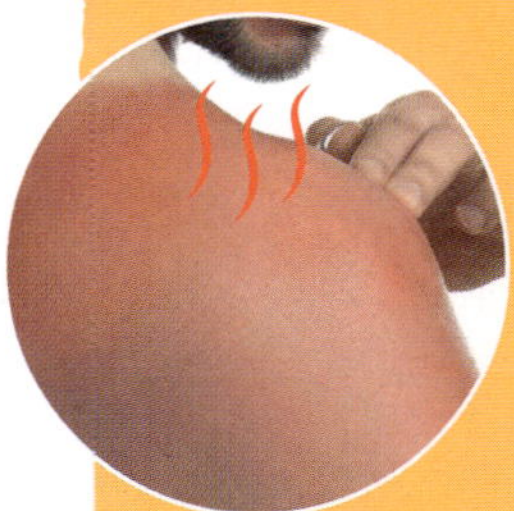

OUPS… ÇA CHAUFFE !

Les réactions immunitaires sont essentielles pour se défendre contre les agents infectieux, mais elles sont parfois responsables de phénomènes pas très agréables. Les symptômes inflammatoires (rougeurs gonflées qui chauffent) et la fièvre sont par exemple le signe qu'un système immunitaire s'active. Et si c'est souvent lié à la gestion d'intrus à éliminer, ce n'est pas toujours le cas : l'inflammation peut aussi être déclenchée pour éliminer des débris cellulaires, par exemple après une brûlure ou un gros coup de soleil.

Les plantes n'ont quant à elles pas de cellules immunitaires, mais elles sont très fortes pour faire circuler des signaux moléculaires dans tout leur corps, notamment grâce aux petits tunnels qui relient leurs cellules les unes aux autres. En matière d'immunité, elles peuvent compter sur des récepteurs pour repérer les intrus et déclencher la mise en place de défenses. Mais attention : si ces récepteurs ressemblent à ceux des animaux par différents aspects, il ne s'agit pas des mêmes molécules ! Les plantes ont leur propre gamme de détection (certaines réagissent à la chitine des champignons) et leur propre éventail de réponses (par exemple : renforcer leur paroi pour empêcher l'entrée des champignons).

Cela dit, concernant l'immunité, les plantes à fleurs ont vraiment éclipsé les autres aux yeux des chercheurs, alors qu'elles ne représentent qu'une partie des végétaux. On est à mille lieues de comprendre ce qu'il se passe chez les mousses ou les fougères… Les mécanismes de dégradation des ARN étrangers ont l'air utilisés par toutes, mais ceux impliquant des récepteurs généralistes sont apparus plus tard et semblent plutôt propres aux plantes terrestres et à certaines algues vertes, leurs cousines les plus proches. C'est sans doute également le cas du troisième mécanisme immunitaire des plantes, dont la classification entre réponse immunitaire innée ou adaptative fait débat…

Round 2 : l'immunité adaptative, une réponse sur mesure

Avec le temps, des mécanismes de plus en plus alambiqués ont été sélectionnés. Ainsi, des parasites des plantes ont contrecarré le système de défense généraliste. Et les végétaux ont développé de nouveaux outils ! Notamment des récepteurs plus spécifiques, capables de repérer d'autres composants des agents infectieux, voire des modifications anormales du fonctionnement des cellules des plantes elles-mêmes.

Et voilà comment une nouvelle forme de réponse immunitaire, plus spécialisée mais moins rapide que la précédente, se met en place ! Certains scientifiques considèrent qu'il n'y a qu'une différence de degré avec les mécanismes généralistes, notamment car de nombreux composants sont impliqués dans les deux phénomènes. D'autres pensent au contraire qu'il y a une différence de nature et qu'il s'agit bien, cette fois-ci, d'une immunité adaptative végétale.

S'il est difficile de trancher, c'est parce que ce concept a d'abord été forgé à partir de l'étude des défenses des animaux. Enfin, plus exactement des défenses des vertébrés, qui sont les seuls à posséder une immunité adaptative en plus de l'immunité innée partagée par tous les animaux ! Dans ce cas, les mécanismes sont indiscutablement distincts et mobilisent des molécules, des cellules et même des organes différents. Les motifs déclenchant la réponse adaptative sont aussi beaucoup plus précis. Il ne s'agit plus de composants génériques de bactéries, virus ou champignons, mais de petites parties de molécules : les antigènes.

Chaque molécule de surface d'un agent infectieux peut présenter plusieurs antigènes, qui sont autant de mini-clés susceptibles de libérer les armées de la réponse adaptative ! Ces dernières sont composées de plusieurs unités, spécialisées dans la coordination, le repérage ou la destruction des ennemis. Toutes rassemblent de nombreux soldats, activables chacun par une serrure correspondant à une unique clé-antigène, mais assez divers pour cibler l'ensemble des antigènes possibles. Les informateurs de l'immunité innée signalent aux soldats aptes à lutter contre l'infection en cours qu'il est temps de se mettre au travail. Ces derniers se multiplient puis s'équipent avant de partir au combat, détruisant des intrus et des cellules infectées, produisant des anticorps permettant de les neutraliser, ou supervisant les troupes.

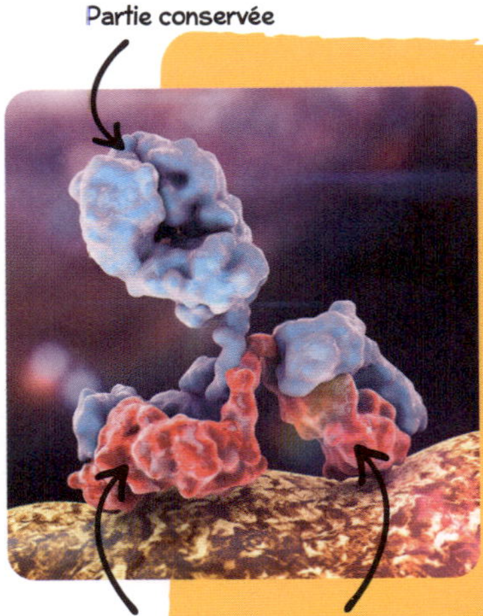

DES DÉTECTEURS BIEN PRATIQUES

Produits par le système immunitaire des vertébrés, les anticorps sont des protéines à la structure particulière. Une de leurs extrémités est capable de reconnaître des molécules de façon très spécifique, tandis que l'autre est identique pour tous les anticorps d'une espèce donnée... En couplant cette partie conservée à des substances bien choisies, on peut rendre les anticorps visibles et s'en servir comme détecteurs ! Les chercheurs en biologie les utilisent très souvent, par exemple pour repérer des molécules précises au microscope. Ce sont aussi des anticorps, associés à des composés colorés, qui font apparaître des bandes sur les tests de grossesse ou de diagnostic si le produit qu'on cherche à repérer est présent.

Reconstitution 3D d'un anticorps sur un agent infectieux

Est-ce qu'il faut forcément passer par une logistique si lourde pour avoir une immunité adaptative? Pas si on est un procaryote ! Les bactéries et les archées sont capables d'attaquer spécifiquement les virus qui les menacent avec les outils moléculaires CRISPR-Cas. Les CRISPR sont des séquences particulières du génome des procaryotes : des petits morceaux de génomes de virus, soigneusement découpés et stockés par les procaryotes. En cas d'infection virale, ils permettent de produire les fragments d'ARN correspondants, qui guident ensuite les protéines Cas jusqu'au génome du virus : celui-ci est alors coupé par ces ciseaux moléculaires et rendu inutile ! Autrement dit : si un procaryote a le génome d'un virus dans son stock CRISPR, il peut s'en protéger de façon spécifique.

Une fois, pas deux

La capacité des procaryotes à stocker leurs armes antivirales directement dans leur génome a une autre conséquence : leur immunité adaptative est héréditaire ! Lorsque le génome d'une cellule est recopié pour être transmis à une nouvelle cellule, celle-ci récupère des morceaux d'ADN viral qui lui permettront de se protéger, sans avoir eu besoin de rencontrer elle-même le virus. Les procaryotes ne sont pas les seuls à posséder une mémoire immunitaire, mais leur capacité à la transmettre d'une génération à l'autre est plus étonnante ! Imaginez être définitivement protégé contre la grippe parce que votre mère l'a déjà attrapée...

Un phénomène du même type semble exister chez les animaux invertébrés, qui ne possèdent pourtant pas de réponse immunitaire adaptative. Les mécanismes n'en sont pas encore compris, mais des éponges, des mollusques ou des crustacés réagissent plus fortement quand ils sont exposés une seconde fois à un agent infectieux, sans qu'on ne sache s'il s'agit d'un état d'alerte général ou d'un rejet ciblé. Chez certains insectes, en revanche, un entraînement immunitaire spécifique contre des agents infectieux est manifestement transmis entre les stades de développement (larve, nymphe, adulte…), voire entre les générations. Reste à comprendre comment.

Pour les vertébrés, le fonctionnement même de la réponse adaptative permet de constituer une mémoire immunitaire : certains soldats, une fois stimulés par leur antigène, servent précisément à conserver l'information et se tiennent prêts à relancer des défenses plus rapides et plus fortes si l'intrus pointe à nouveau le bout de ses molécules. Cette mémorisation peut durer plus ou moins longtemps, mais en tous cas, elle n'est pas héréditaire. Les mamans mammifères peuvent transmettre des anticorps à leurs petits via le placenta ou le lait, mais ils n'offrent qu'une protection ponctuelle quand le petit est le plus vulnérable.

Évidemment, les plantes ne sont pas en reste ! Du moins les plantes terrestres, car chez ces dernières, une infection peut déclencher l'émission d'un signal mobile qui se diffuse dans tout le végétal. Cette diffusion les met dans un état de résistance généralisé, qui leur permet de produire des molécules antimicrobiennes. Ce n'est pas la forme la plus spécifique ou la plus durable de mémoire immunitaire, mais il reste tant à découvrir sur l'immunité des plantes qu'on n'est pas à l'abri d'une surprise… Quoi qu'il en soit, que cela passe par des cellules, de l'ADN ou d'autres molécules, se souvenir des adversaires déjà rencontrés par son système immunitaire est manifestement une stratégie habituelle des êtres vivants !

ENTRAÎNER SES SOLDATS

C'est sur les cellules mémoires que repose la vaccination : confronter l'organisme à une version peu dangereuse de l'ennemi permet de l'entraîner sans risque pour qu'il soit plus efficace s'il le rencontre pour de bon ensuite.

Prédateurs, parasites et autres agents infectieux : la biosphère est le théâtre de luttes sans merci ni répit, au cours desquelles chaque organisme peut rapidement passer de menaçant à menacé. Adaptations et contre-mesures s'enchaînent sans cesse et la diversité des stratégies actuelles est le reflet d'une évolution frénétique. Pour survivre à un endroit et un moment donnés, il faut avoir le bon équipement à disposition. Gare aux espèces qui, trop homogènes, ne seraient pas prêtes à s'adapter à un soudain changement de situation !

Alors, d'après vous, qui la gagne, cette battle de la défense ?

ARMURERIE
APOSÉMATISME
PRÉDATION
mimétisme & cotillons
IMMUNITÉ INNÉE
PHAGO CYTOSE LE JEU!
NOUVEAU QUEUE DÉTACHABLE
TOUT POUR LA SURVIE
DÉFENSINE
KIT SYMPLASME
AVEC RÉCEPTEURS
Ma Vie, mon œuvre
Phasme
CACHETTES
?
SACRIFICE
L'ART DU CAMOUFLAGE
-PRÉDATEURS
-VIRUS
-INFECTI
IMMUNITÉ ADAPTATIVE
ANTI GÈNES
ANTI CORPS
ALARMES
SI VIS PACEM PARA BELLU
CRISPR MISES À JOUR
CRISPR
DERNIÈRE ÉDITION

Une pause s'impose

De quoi rêvent les chauves-souris ?

Toutes les grandes fonctions évoquées jusqu'à présent (se nourrir, se reproduire, grandir, se défendre...) amènent à un constat implacable : la vie, c'est fatigant. Alors pour tenir dans la durée, il faut faire des pauses de temps en temps. Rien de tel qu'une bonne sieste ! Mais est-ce que tous les organismes dorment ? Rêvent ? Et à quoi est-ce que cela leur sert réellement ?

La battle du sommeil est déclarée ouverte !

Pas de repos sans cerveau ?

S'il est une fonction vitale qui reste encore mystérieuse, c'est bien le sommeil ! On pourrait penser que pour dormir, il faut posséder un cerveau comparable à celui des mammifères, mais ça dépend de la façon dont on définit le sommeil ! Au sens large, il est possible d'inclure bien d'autres animaux, des vers nématodes aux méduses en passant par les drosophiles. Il faut pour cela considérer comme du sommeil tout état de vigilance limitée, rapidement réversible. Concrètement, cela correspond à des activités physique et physiologique restreintes et une réaction réduite aux stimulations du monde extérieur. Et pour qu'une activité soit identifiée comme du sommeil, il faut que son absence ait des conséquences ! Un individu qui en est privé doit avoir du mal à réaliser ses tâches quotidiennes. Il est aussi courant d'observer une compensation après un manque de sommeil : la phase de repos suivante est plus longue.

Associé à la mémoire et la conservation d'énergie, le sommeil permettrait de réguler la sécrétion d'hormones, de renforcer le système immunitaire, mais aussi de remettre à zéro certaines zones du cerveau, très stimulées en période d'éveil. Bien qu'on retrouve des phases de repos chez de nombreux êtres vivants, beaucoup de questions restent encore sans réponse quant à leurs fonctions exactes !

Pour faire un bon dodo...

Un individu qui dort est souvent immobile, mais il n'est pas passif pour autant. Même en plein sommeil, le cerveau turbine ! Cette activité électrique cérébrale permet d'ailleurs d'étudier le sommeil plus en détail (chez les animaux pourvus

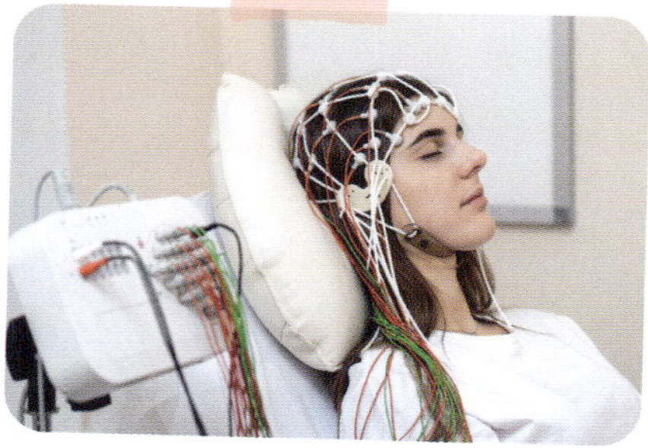

Dispositif permettant d'enregistrer un encéphalogramme

d'un cerveau). Captée par des électrodes posées sur la tête, elle peut être retranscrite sous la forme d'enregistrements appelés électroencéphalogrammes.

Grâce à cette mesure, on sait que le sommeil est classiquement constitué de plusieurs cycles d'activité successifs, de longueurs variables. Chez l'humain, une nuit de sommeil correspond à l'enchaînement de trois à six cycles, qui durent entre une et deux heures chacun. Chez les mammifères et les oiseaux, chaque cycle comprend deux grandes phases, que l'on distingue selon le type d'ondes cérébrales observées. D'un côté le sommeil lent, au cours duquel des mouvements du corps sont possibles. C'est pendant cette phase que certains humains somnambules se déplacent en dormant. De l'autre, le sommeil paradoxal, où se produisent les rêves les plus intenses. L'activité du cerveau y est proche de celle de la phase d'éveil, mais les muscles sont totalement relâchés, sauf ceux qui contrôlent les mouvements des yeux, caractéristiques de ce type de sommeil.

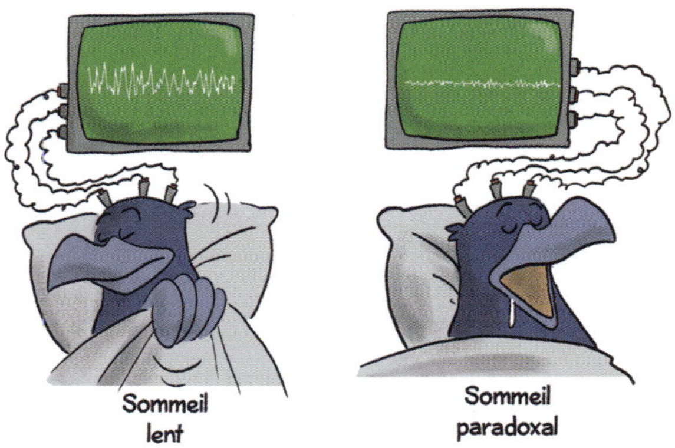

On retrouve des phénomènes proches de ce sommeil en deux phases chez plusieurs reptiles et certains poissons, mais avec des variations. Par exemple, chez le poisson-zèbre et le tégu d'Argentine, un lézard, on observe aussi deux types d'ondes cérébrales, mais leurs rythmes et amplitudes diffèrent de celles des mammifères et des oiseaux. Il n'est pas évident de comparer ce qui se passe dans des cerveaux aux structures si éloignées !

Tégu d'Argentine (*Tupinambis merianae*)

D'autres animaux présentent des comportements propres au sommeil, comme des postures stéréotypées (avec les pattes repliées chez les insectes et les araignées par exemple), des périodes d'immobilité rapidement réversible ou une réactivité plus faible aux stimulations. Chez la seiche, des mouvements des yeux, des bras et l'activation des chromatophores, les cellules responsables des changements de couleur, ont été observés lors d'une phase qui ressemble assez au sommeil paradoxal. Malgré les similitudes présentes chez de nombreuses espèces, chaque individu dort différemment, selon son âge, son état physiologique et selon les nuits. À chacun sa façon de dormir !

BÂILLEMENT CONTAGIEUX

Bien que son rôle reste inconnu, le bâillement est partagé par tous les vertébrés. Chez certains d'entre eux, comme les primates, il est même contagieux ! L'empathie semble jouer un rôle dans cette transmission, y compris entre espèces différentes : un chien bâille davantage quand il voit son humain bâiller plutôt qu'un humain inconnu.

Champions du roupillon

En étant immobiles et peu réactifs au monde extérieur, les animaux sauvages qui se laissent aller à un petit somme sont très vulnérables. Et même si tous ont besoin de repos, ils ne sont pas égaux : un lion peut dormir plus de 14 heures par jour, plusieurs primates omnivores comme les babouins se reposent pendant 9 à 10 heures, alors qu'un cheval n'a besoin que de 3 ou 4 heures ! Globalement, les grands carnivores, qui ne craignent pas de prédateurs, dorment plus longtemps que les omnivores. Et les herbivores, qui doivent rester vigilants et passent une grande partie de leur journée à trouver l'énorme quantité de nourriture dont ils ont besoin, dorment peu.

Lionne
(*Panthera Leo*)

Il n'existe un lien entre la taille et la durée de sommeil que chez les herbivores ! Les plus gros dorment beaucoup moins que les petits, peut-être parce que ces derniers, plus hyperactifs pendant leurs périodes d'éveil, ont aussi besoin de plus de repos. Les girafes dorment ainsi moins de cinq heures par jour en moyenne, par périodes de 35 minutes. Et les plus actifs sont les éléphants, qui ne dormiraient que deux heures par jour en moyenne ! Ils peuvent également se passer de sommeil pendant de longues périodes, jusqu'à 46 heures, sans pour autant dormir davantage après ces nuits blanches. Ils n'accèdent d'ailleurs au sommeil paradoxal, le plus profond, que tous les trois à quatre jours, quand ils dorment allongés. La plupart du temps, ils restent debout pendant leur sommeil ! Évidemment, toute règle a ses exceptions et certains herbivores sont de gros dormeurs. C'est le cas des koalas, et de certaines chauves-souris, qui dorment près de 20 heures par jour !

Girafon qui somnole
(*Giraffa sp.*)

À DORMIR DEBOUT

Tous les animaux ne s'allongent pas pour dormir et les postures de certains peuvent être acrobatiques : les girafes se contorsionnent quand elles sont au sol pour utiliser leurs fesses comme oreiller, alors que les chevaux et les chauves-souris possèdent des systèmes de verrouillage, qui leur permettent de rester debout ou suspendus la tête en bas pendant leur sommeil. Les cachalots, eux, font la sieste collectivement, le corps figé à la verticale.

Dormir d'un œil

Si certains adoptent des postures mignonnes ou fantaisistes pour dormir, d'autres s'adaptent aux contraintes de leur environnement. Les mammifères aquatiques doivent par exemple continuer à respirer à la surface, même en étant assoupis.

Hippopotame
(*Hippopotamus amphibius*)

Les morses flottent à la verticale, le nez hors de l'eau grâce à une poche qu'ils remplissent d'air comme un ballon. Les narines des hippopotames, très proches de l'évent des cétacés, sont fermées par défaut, ce qui est pratique pour faire un somme sous l'eau sans boire la tasse. Ils remontent respirer à la surface sans se réveiller !

Certains animaux aquatiques sont des insomniaques perpétuels qui restent en mouvement en permanence, comme le tétra aveugle, un petit poisson qui vit dans les cavernes. Même s'il nage trèèès doucement, il le fait en continu. Les requins gris de récifs, eux, n'ont pas d'autre choix que de bouger pour respirer : c'est comme cela qu'ils renouvellent l'eau au niveau de leurs branchies. S'ils s'arrêtent de nager, ils se noient ! Pour réduire leurs efforts, ils surfent le long des courants. Hiha !

Tétra aveugle
(*Astyanax mexicanus*)

Pour se reposer tout en se déplaçant, certains dorment littéralement d'un seul œil, ou plutôt d'une seule moitié de cerveau ! On appelle cet état le sommeil unihémisphérique, et *a priori* seule la phase de sommeil lent peut avoir lieu dans ces conditions, les hémisphères cérébraux dormant à tour de rôle. C'est la technique adoptée par certains mammifères marins, comme les dauphins. Les otaries l'utilisent aussi quand elles dorment dans l'eau (mais pas sur terre). Elles adoptent alors une posture permettant de garder le nez à la surface, avec une nageoire qui continue de s'agiter sous l'eau.

Otarie nageant pendant son sommeil

Les autres champions de ce demi-sommeil sont les oiseaux. Certains, comme les poules ou les canards, gardent un œil ouvert pour se protéger quand ils dorment au sol. Un individu qui dort à la périphérie de son groupe, plus à découvert que ceux situés au centre, fait plus souvent appel au sommeil unihémisphérique, ce qui lui permet de surveiller les alentours. D'autres dorment en vol ! C'est notamment le cas des oiseaux migrateurs qui parcourent de très longues distances : à défaut de se poser, il faut bien qu'ils se reposent, même si c'est peu pratique. Le bruant à couronne blanche dort moins et résiste mieux à la privation de sommeil pendant la migration qu'en dehors. Les frégates, elles, passent des semaines en mer en dormant très peu, alors que cela occupe la moitié de leur temps quand elles sont à terre.

Mâle frégate du Pacifique
(*Fregata minor*)

Tu peux rêver !

Souvent associés aux mouvements oculaires du sommeil paradoxal, les rêves habitent les nuits de nombreux dormeurs. Ces agencements mystérieux d'images et de sensations, qui font parfois revivre des expériences réellement vécues, gardent toujours leur part de mystère. Et ils ne concernent pas que les humains ! Peut-être avez-vous déjà vu des chiens ou des chats domestiques s'agiter en dormant ? Des expériences datant des années 1970, dont l'approche éthique a clairement mal vieilli, ont révélé qu'enlever la structure cérébrale qui maintient le corps immobile pendant le sommeil paradoxal conduit des chats à se comporter (presque) comme s'ils étaient réveillés : ils s'assoient, chassent, lèchent (dans le vide), font le gros dos ou se battent. Cela permet d'imaginer à quoi ils rêvent.

Même si ce n'est encore qu'une hypothèse, des scientifiques pensent que les rêves jouent un rôle dans l'apprentissage et la mémoire. En effet, les neurones impliqués dans la mémorisation des rats s'activent à la fois quand ils s'entraînent à courir dans un labyrinthe circulaire afin d'y trouver des récompenses et quand ils dorment. Ce qui laisse penser qu'ils « revivent » le parcours en rêve. Chez les diamants mandarins, c'est la zone du cerveau dédiée au chant qui est activée pendant le sommeil : ils semblent réviser dans leurs rêves le chant qu'ils sont en train d'apprendre ! Enfin, chez les araignées sauteuses *Evarcha arcuata*, des mouvements de la rétine associés à des postures particulières, comme les pattes rétractées, suggèrent l'existence d'un sommeil paradoxal, et donc potentiellement de voyage au pays des songes.

Besoin de repos

Si le sommeil joue bien un rôle essentiel, que se passe-t-il lorsqu'il vient à manquer ? En 1964, Randy Gardner, un étudiant américain, s'est privé de sommeil pendant 11 jours et 24 minutes, soit plus de 264 heures ! Ce record a été battu depuis, mais la particularité de cette expérience est qu'elle comprenait un suivi des effets de la privation de sommeil. Les capacités de concentration diminuent et, au bout de 3 jours, des mouvements d'humeur et de la désorientation apparaissent. À la fin de l'expérience, l'étudiant avait des difficultés à se souvenir d'événements récents, à prononcer certains mots, des réflexes diminués et des hallucinations. Ces effets ont disparu à l'issue des 14 heures de sommeil dont il a eu besoin après ce test. Mais, des décennies plus tard, Gardner semble toujours avoir des problèmes d'insomnies… D'ailleurs, le Guinness book des records refuse toute nouvelle tentative, de peur que le défi ait des conséquences sur la santé des participants.

Globalement, les humains s'expriment plus difficilement quand ils manquent de sommeil. Tout comme les abeilles domestiques : les figures de leur danse sont perturbées et leur message perd en précision ! Les abeilles maintenues éveillées dorment également plus et sombrent dans un sommeil plus profond la nuit qui suit leur privation de sommeil.

Le manque de sommeil semble avoir d'autres impacts sur la santé. Il est associé à des risques d'émergence de certaines pathologies, comme l'hypertension, les troubles cardiovasculaires, le diabète de type 2, l'obésité ou l'anxiété. En retour, cette dernière influence aussi la qualité du repos. Quand des rats mâles sont placés dans une nouvelle cage imprégnée de l'odeur d'un autre congénère, ce qui est source de stress, leur sommeil est perturbé. Ils mettent plus de temps à s'endormir, dorment moins longtemps et moins bien, en se réveillant à plusieurs reprises : tous les symptômes de l'insomnie !

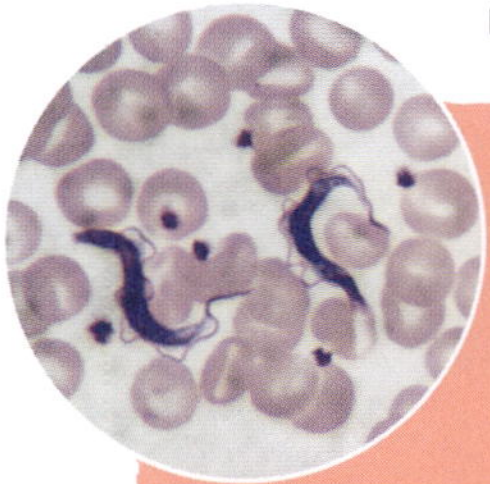

Trypanosoma brucei gambiense dans un prélèvement sanguin

UNE FATIGUE PATHOLOGIQUE

Les protistes du genre *Trypanosoma* parasitent la mouche tsé-tsé qui, en piquant d'autres animaux, leur transmet « la maladie du sommeil », exclusivement présente en Afrique Sub-saharienne. En plus de provoquer une fièvre sévère, de l'anémie et divers troubles dans tout l'organisme, la maladie atteint dans un second temps le système nerveux et affecte le cycle du sommeil : de grandes périodes de fatigue alternent alors avec des phases de forte agitation. Heureusement, des traitements existent pour chaque stade de la maladie, et pris à temps, les chances de guérison sont bonnes.

Le manque de sommeil peut aussi mener à un affaiblissement des réponses immunitaires et l'on suspecte qu'il favorise la contamination par certaines maladies, telles que le rhume. Chez certains animaux, comme les mouches drosophiles et les souris, la privation de sommeil provoque l'accumulation de déchets toxiques produits par le métabolisme au niveau des intestins. Ces déchets sont à l'origine d'un stress moléculaire, qui peut à terme entraîner la mort. Pour vivre vieux, il faut se ménager !

Jour/Nuit !

Oxalis triangulaire (*Oxalis triangularis*) aux feuilles repliées

Qu'ils soient diurnes ou nocturnes, l'activité des organismes est rythmée par l'alternance du jour et de la nuit. Certaines plantes bougent selon la lumière du jour, comme l'*Oxalis triangularis* qui ferme ses feuilles le soir, ce qui a fait penser (à tort) à Linné qu'elles dormaient la nuit ! Ces mouvements dépendants de la luminosité varient selon les plantes et les environnements, et on ne sait pas vraiment à quoi ils servent. Économie d'énergie, limitation des pertes en eau, diminution du lessivage par des pluies nocturnes, esquive des herbivores ou simple conséquence des variations d'humidité entre le jour et la nuit, les hypothèses sont nombreuses. En tous cas, la photosynthèse s'arrêtant en l'absence de lumière, le métabolisme nocturne des plantes est différent de leur métabolisme diurne ! Cela reste éloigné du sommeil animal, mais entre ça et leurs changements de postures, les végétaux ne sont clairement pas indifférents à la nuit.

L'alternance jour/nuit est également à l'origine d'un phénomène de migration particulièrement impressionnant, dans le monde marin. Des organismes photosynthétiques passent la journée proches de la surface, où de la lumière est disponible, puis se déplacent vers le fond quand la nuit tombe et, à l'inverse, des hétérotrophes (voir p. 71) restent à l'abri des profondeurs le jour et remontent en surface la nuit pour s'alimenter. Énormément d'espèces très variées (protistes, bactéries, petits animaux et plantes…) participent à cette migration verticale, avec chacune leurs intérêts et leurs mécanismes de régulation.

De nombreux organismes possèdent une horloge interne à peu près calée sur un cycle de 24 heures, qu'on appelle l'horloge circadienne. Elle maintient un fonctionnement synchronisé même en l'absence d'indices extérieurs, tels que la lumière. Certaines plantes, comme la sensitive (voir p. 96), ferment ainsi leurs feuilles le soir même quand elles sont placées dans une pièce obscure. D'autres processus aussi fondamentaux que la régulation de la température du corps, l'activité du système immunitaire ou la synthèse de nombreuses hormones dépendent eux aussi d'horloges circadiennes.

Une hormone est notamment conservée des animaux aux champignons, en passant par les bactéries : la mélatonine. Sa production, généralement cyclique, démarre à la tombée de la nuit, atteint un pic puis diminue jusqu'à l'aube. Au crépuscule, sa production déclenche par exemple la natation des larves du ver marin *Platynereis dumerilii* vers la surface. À l'aube, quand sa sécrétion s'arrête, la larve retombe vers le fond, avant de remonter de nouveau au coucher de soleil suivant ! Chez les vertébrés, la mélatonine est principalement impliquée dans la régulation du sommeil, y compris chez les animaux nocturnes, comme les rongeurs, dont elle stimule l'activité au lieu de les endormir. C'est un véritable chef d'orchestre, préparant les êtres vivants à l'arrivée de la nuit et calibrant les horloges biologiques. On la retrouve même dans les mitochondries (voir p. 57) et les chloroplastes (voir p. 71), qui sont d'anciennes bactéries. Autant dire qu'elle ne date pas d'hier ! Mais si la mélatonine est si conservée au sein du vivant, les spécialistes pensent que c'est parce qu'à l'origine, elle permettait surtout de protéger le corps des déchets générés par le métabolisme. Son rôle de maître des horloges serait apparu plus tard.

EXPÉRIENCES SOUTERRAINES

Des humains ont volontairement passé plusieurs semaines sous terre, dans des grottes sans repère temporel, pour étudier leurs horloges internes. Les expériences de ce type ont démarré dans les années 1960 et la plus récente remonte à 2021, avec l'expédition Deep Time. Chaque participant perd rapidement la notion du temps et semble développer son propre rythme veille/sommeil, se désynchronisant progressivement des autres et de la surface. Le cycle moyen n'est plus de 24 heures ! Cela montre l'importance des signaux externes pour remettre les pendules (biologiques) à l'heure.

Dormir comme une souche

Petit rhinolophe (*Rhinolophus hipposideros*) en hibernation

Engoulevent de Nuttall (*Phalaenoptilus nuttallii*)

Si les jours passent, ils ne se ressemblent pas tous : le cycle jour/nuit change selon les saisons. Dans les cas les plus extrêmes, près des pôles, il n'y a plus de nuit l'été et pas de jour l'hiver. Ces variations ont différents impacts sur les organismes ! Quand, en plus, la température chute et que les ressources alimentaires se font rares, un processus général de ralentissement est déclenché. Il peut prendre différentes formes et ressemble à du sommeil sans en être vraiment. Il permet en tous cas à l'organisme de se mettre à l'abri et d'économiser son énergie.

Chez les animaux, la version la plus radicale est l'hibernation, qui dure jusqu'à plusieurs semaines ou mois d'affilée et concerne principalement des petits mammifères comme les chauves-souris, les hérissons, de nombreux rongeurs et un seul oiseau, l'engoulevent de Nuttall. Leur activité cérébrale chute drastiquement et seules les fonctions vitales automatiques, comme la respiration, sont maintenues. Leur température corporelle se rapproche de la température extérieure. Ils arrêtent de s'alimenter et vivent sur leurs réserves de gras. Certains, comme les loirs et les marmottes, augmentent leur poids de 30 % avant d'hiberner ! Mais ce n'est pas de tout repos pour autant ! Cet état est parsemé de courtes périodes d'éveil cyclique, qui nécessitent beaucoup d'énergie et dont la fonction n'est pas très bien comprise. Enfin, l'augmentation de la température réveille progressivement les dormeurs. Les marmottes alpines se synchronisent pour se réchauffer ensemble et plus vite. Moins extrêmes, d'autres animaux se contentent d'une torpeur quotidienne, parfois appelée hivernation. Ils vivent au ralenti mais ne tombent pas dans une léthargie aussi profonde que celle des hibernants. Leur température corporelle descend rarement en dessous de 18 °C et certains sortent de leur refuge pour se nourrir. Cette stratégie concerne plusieurs gros mammifères comme les blaireaux et les castors, des oiseaux comme les colibris qui vivent en altitude, mais aussi des espèces qui ne peuvent pas réguler leur température elles-mêmes, comme les reptiles et certains insectes.

Marmotte alpine (*Marmota marmota*)

Ces derniers et de nombreux autres invertébrés ont leur propre mode de vie (très) ralentie, appelé diapause. Il peut être programmé génétiquement ou stimulé par des signaux extérieurs selon les espèces, chacune se stoppant pendant une phase spécifique de son cycle de vie (de l'œuf à l'adulte). Ces mises à l'arrêt métaboliques ne sont pas forcément liées à l'hiver et durent parfois plusieurs années !

INCLASSABLE NOUNOURS

Les ours sont parfois considérés comme des champions de l'hibernation. Pourtant, même si leur métabolisme est à l'arrêt l'hiver et qu'ils ne s'alimentent plus, leur température corporelle se maintient à 30 °C, ce qui est plutôt caractéristique d'une hivernation. Leur gabarit permet d'allier les deux stratégies. Chacun son style !

Les végétaux aussi s'adaptent pour affronter l'hiver. Certains arbres perdent leurs feuilles, comme le chêne ou le noisetier, ce qui limite leur surface exposée au froid. Leurs photorécepteurs détectent la diminution de la durée du jour et provoquent la libération d'éthylène (voir p. 100). Un bouchon se forme alors et bloque la circulation de la sève ! Les feuilles ne sont plus alimentées en eau, la photosynthèse s'arrête, la chlorophylle est dégradée et la couleur verte disparaît. Ce sont d'autres pigments jaune orangé, les caroténoïdes, qui prennent alors le dessus et donnent des teintes automnales aux feuilles, qui finissent par mourir et se détacher de leur tige.

Feuilles de chêne en automne

Mettre la vie sur pause

La notion de sommeil a été définie en se basant sur les animaux, mais si on s'intéresse aux mécanismes qui permettent de ralentir le métabolisme au sens large, ils font plutôt office de petits joueurs : ce qui semble exceptionnel chez eux est la norme pour plein d'autres organismes ! Car les phénomènes de vie ralentie (regroupés sous l'appellation de dormance), voire d'arrêt complet temporaire (on parle alors de cryptobiose, la vie étant momentanément « cachée »), sont très nombreux.

Rose de Jéricho (*Anastatica hierochuntica*) avant et après réhydratation

Pour résister à des conditions trop rudes, des espèces sont capables de se maintenir dans un état déshydraté. C'est particulièrement spectaculaire dans le cas de certaines plantes, comme les mousses ou la rose de Jéricho. L'individu peut perdre jusqu'à 90 % de son eau et rester ainsi pendant des semaines, des mois, voire des années ! Des mousses *Riccia macrocarpa* ont été réanimées après 23 ans de conservation ! Il suffit de les mouiller et, en quelques minutes, elles retrouvent leur apparence, fraîches comme au premier jour. Quelques animaux partagent ce superpouvoir, comme les rotifères bdelloïdes (voir p. 29), certains nématodes, larves d'insectes et les fameux tardigrades.

UN ANIMAL INDESTRUCTIBLE !

Quand l'eau vient à manquer, les tardigrades, des animaux de moins d'un millimètre de long, se déshydratent et entrent en cryptobiose. Ils peuvent alors résister à des températures extrêmes (de -272 à +150 °C), à l'exposition aux rayons X et ultraviolets, à des pressions énormes et même au vide spatial ! Alors qu'ils vivent habituellement une vingtaine de mois, certains ont été réveillés après plus de 30 ans de repos forcé.

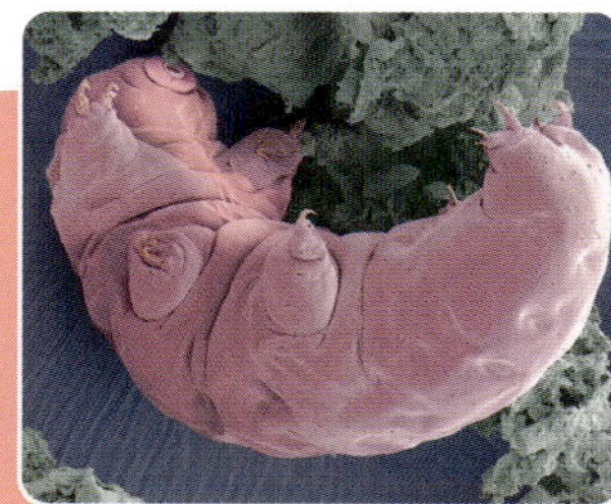

Tardigrade (*Macrobiotus sp.*) au microscope électronique à balayage (fausses couleurs)

L'ergot de seigle est le sclérote du champignon (*Claviceps purpurea Tulasne*)

Quasiment chaque catégorie d'organismes possède sa forme de résistance pour traverser les périodes difficiles : les bactéries forment des endospores, les protistes des kystes, les champignons des sclérotes… Les graines des plantes, le pollen ou les particules de dissémination des virus pourraient aussi entrer dans cette catégorie ! Dans tous les cas, il s'agit de structures minimalistes, contenant peu d'eau, avec un métabolisme ralenti voire arrêté, et qui sont entourées par différentes couches protectrices qui les transforment en forteresses. Leur matériel génétique est bien à l'abri, attendant son heure. Quand les conditions redeviennent favorables, l'organisme reprend sa vie comme si de rien n'était !

Les sclérotes des champignons et les graines des plantes contiennent d'ailleurs des réserves nutritives, qui facilitent ce redémarrage. Et chacun a son signal de prédilection pour déterminer le moment de repasser à l'action : température, lumière, humidité, nourriture… ou présence d'un partenaire moléculaire, notamment pour le pollen, les particules virales et les kystes de certains protistes. En effet, ces cellules dormantes, particulièrement résistantes, sont souvent le stade infectieux du cycle de vie des protistes parasites ! Elles reprennent leur développement une fois installées à l'abri dans un nouvel organisme.

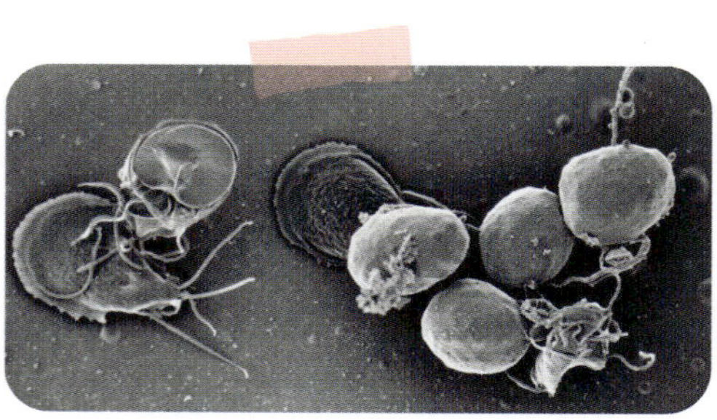

Protiste (*Giardia duodenalis*), forme standard à gauche, forme kyste à droite

Il faut dire que certaines structures permettent de résister à des conditions particulièrement extrêmes, les plus impressionnantes étant sans doute les endospores des bactéries. Il s'agit également de cellules dormantes, produites lors d'une division asymétrique. Radiations, agents chimiques, mais aussi chaleur, rien ne les effraie ! En général, elles tolèrent jusqu'à 40 °C de plus que la bactérie d'origine, ce qui les rend particulièrement difficiles à éliminer et pose problème quand elles sont responsables de maladies. *Clostridium botulinum*, qui cause le botulisme, *Bacillus anthracis*, à l'origine de l'anthrax ou *Clostridium tetani*, responsable du tétanos, forment toutes des endospores, également résistantes aux antibiotiques, et cette liste n'est pas exhaustive…

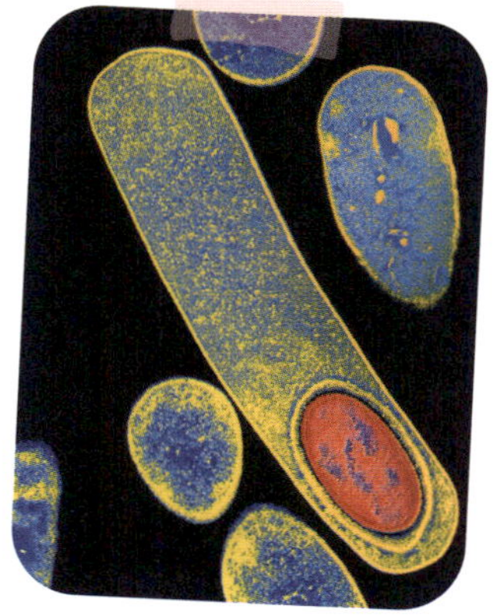

Endospore (en rouge) dans une bactérie *Clostridioides difficile* (fausses couleurs)

DURE À CUIRE

La bactérie *Bacillus subtilis*, très étudiée en laboratoire, forme des spores particulièrement résistantes à la chaleur : 18 minutes à 1 200 °C ne permettent d'éliminer que 90 % d'entre elles !

En fait, ce sol glacé depuis très longtemps est une sorte de congélateur géant, conservant le vivant : un rotifère de 24 000 ans y a été récupéré et ranimé, ainsi qu'un certain nombre de virus géants infectant des amibes, les plus anciens ayant près de 50 000 ans ! Les grains de pollen piégés dans des sédiments anciens sont quant à eux une source précieuse d'informations sur les écosystèmes et les climats passés.

Entre leurs capacités de résistance et leur ralentissement métabolique, certaines capsules de survie peuvent persister très longtemps dans l'environnement. Des kystes de dinoflagellés ont été réveillés après 100 ans passés dans les sédiments marins et un noyau de palmier dattier vieux de 2000 ans, retrouvé dans des ruines israéliennes, a germé en 2006 ! Mais le record a été battu depuis : des graines de la petite plante herbacée *Silene stenophylla*, découvertes dans un terrier d'écureuil vieux de plus de 32000 ans, prisonnier du sol gelé sibérien, ont donné des fleurs.

Ces exemples soulèvent une question intéressante : quand un organisme ralentit son métabolisme au point de mettre sa vie en pause, que cela dure quelques jours où des dizaines de milliers d'années, peut-on encore le considérer comme vivant pendant cette période, ou simplement comme inerte ? Le sommeil est parfois comparé à une petite mort, mais certains êtres poussent le phénomène si loin qu'on peut se demander s'ils ne connaissent pas une forme de mort réversible !

ARCHE DE NOÉ VÉGÉTALE

Inaugurée en 2008, la réserve mondiale de semences du Svalbard, située sur une île au nord de la Norvège, est une chambre forte souterraine qui a pour ambition de constituer une banque génétique de graines. Elle contient à l'heure actuelle plus d'un milliard d'échantillons, de 6000 espèces et variétés cultivées. Son principe est d'utiliser le froid naturel de l'endroit où elle est installée pour les conserver ! Mais, quinze ans après son inauguration, le réchauffement climatique la menace déjà...

Pour tenir dans la durée, les organismes vivants ont aussi besoin de se ménager et de faire des pauses. Car si le sommeil reste encore assez mystérieux, il est indispensable : quand il vient à manquer, des dysfonctionnements apparaissent. Pour assurer un repos quotidien, combiner des signaux extérieurs avec une horloge interne régulière semble une stratégie efficace ! De nombreux organismes vont encore plus loin et peuvent se mettre en pause durablement quand les conditions deviennent difficiles. Hibernation, dormance, diapause ou cryptobiose, chacun sa technique ! Les dormeurs peuvent parfois se mettre à l'arrêt très longtemps, au point de titiller notre définition du vivant.

Alors, d'après vous, qui la gagne, cette battle du sommeil ?

NE PAS DÉRANGER AVANT LE PRINTEMPS
Z
FRIGO DE LA RÉSISTANCE
RYTHME CIRCADIEN
GROS DORMEURS
CLUB DES INSOMNIAQUES

Tous pour un et un pour tous !

Est-ce que les champignons signent des traités de paix ?

Après ce voyage à la découverte du fonctionnement et des particularités les plus étranges des organismes vivants, vous pensez avoir tout vu, tout entendu… Et pourtant, vous n'êtes toujours pas au bout de vos surprises ! Si jusqu'à présent on vous a décrit la vie comme une grande battle dans laquelle seuls les meilleurs survivent, il faut bien reconnaître que ce n'est pas tout à fait vrai. Aucun organisme ne peut affronter le monde seul et, bien souvent, ce sont les relations tissées avec les autres qui déterminent son avenir, en tant qu'individu mais aussi en tant qu'espèce.

L'ère de la coopération est déclarée ouverte !

La fusion fait la force

Selon toute vraisemblance, si les eucaryotes sont apparus, c'est notamment parce qu'une bactérie s'est un jour installée dans une autre cellule pour donner naissance aux mitochondries, aujourd'hui responsables de la respiration. Si la lignée des plantes a eu tant de succès, c'est grâce à une bactérie photosynthétique qui a prêté main-forte à un autre unicellulaire, lui procurant la capacité d'utiliser la lumière comme source d'énergie. De ces événements appelés endosymbioses (voir p. 57) sont nés tous les animaux, les végétaux, les champignons et les protistes ! Et la liste des collaborations intimes du monde vivant ne s'arrête pas là…

L'hébergement d'algues vertes (ou de cyanobactéries) par des champignons donne par exemple des lichens, qui permettent à ces deux organismes de se nourrir et decroître dans des environnements où ils ne survivraient pas tous seuls : sur des cailloux, des murs, dans le froid, le sec… Le champignon collecte des minéraux et protège l'algue de la sécheresse, tandis que l'algue partage les sucres et l'oxygène produits par sa photosynthèse avec le champignon. Mais l'accueil peut aussi se faire dans l'autre sens : le goémon noir, une algue régulièrement retrouvée sur les plages de Bretagne, héberge un champignon qui lui permet de résister à la sécheresse lorsque la marée est basse.

Goémon noir (*Ascophyllum nodosum*)

Nodosités sur des racines de soja (*Glycine max*)

Sous terre, des bactéries du genre *Rhizobium* sont capables de fusionner avec les racines des plantes de la famille des pois, formant de petites boules appelées nodosités. Les bactéries, bien à l'abri de ces renflements racinaires, profitent des sucres produits par la plante et fixent en contrepartie l'azote atmosphérique, inutilisable en l'état par les végétaux. Cette collaboration leur permet de subsister sur des zones très pauvres en nutriments.

Du côté des champignons, on fait toujours dans la surenchère : plus de 50000 espèces connues seraient capables de fusionner avec les racines de plus de 250000 espèces de plantes différentes ! Les filaments formés à cette occasion sont appelés des mycorhizes. Ils augmentent de plusieurs milliers de fois la surface d'absorption dans le sol, ce qui améliore la récupération de l'eau et des minéraux comme l'azote et le phosphate.

PHOTOSYNTHÈSE AU CARRÉ ?

Dans la nature, il existe un exemple unique de fusion d'algues vertes avec... une plante. Le *Ginkgo biloba*, seul représentant de sa famille, héberge dans ses feuilles très identifiables une algue verte du genre *Coccomyxa*. Mais pas de doublon : cette algue a perdu sa capacité à faire de la photosynthèse ! Son rôle dans le partenariat serait de produire des molécules importantes pour le métabolisme et la défense de l'arbre.

Feuille de *Gingko biloba*

Les cas sont parfois extrêmes : à plusieurs milliers de mètres de profondeur, à proximité des cheminées volcaniques, il n'y a pas de lumière et les chaînes alimentaires reposent sur des bactéries capables de tirer de l'énergie du soufre émis par les volcans. Des vers tubicoles en hébergent dans leurs organismes et comptent sur elles pour survivre : ils ont perdu leur estomac ! Dans le parc national de Yellowstone, aux États-Unis, se trouvent de nombreuses sources chaudes, et les racines de la plante *Dichanthelium lanuginosum* et leur champignon compagnon ne devraient pas y résister : ils ne survivent que jusqu'à 38 °C. Sauf quand un mycovirus vient mettre son grain de sel en infectant le champignon ! Ses gènes permettent la mise en place de mécanisme de résistance et le trio pousse alors à 65 °C !

Les partenariats de ce type sont cruciaux dans l'évolution globale du monde vivant et plus on s'y intéresse, plus on en découvre.

Vers tubicoles géants (*Riftia pachyptila*)

Source chaude au parc national de Yellowstone

Donnant-donnant

Qu'il s'agisse de naître, se reproduire, grandir, respirer, s'alimenter, excréter, bouger, percevoir son environnement, communiquer, se protéger ou se reposer, guidée par les variations de l'environnement et le hasard, chaque espèce a perfectionné ses processus au fil de l'évolution, aboutissant à des résultats parfois très complexes. Et les exemples de coopération sont si nombreux que certains se sont déjà glissés dans les chapitres précédents. Mais en voici quelques autres, car les interactions sont parfois surprenantes et loufoques, et qu'on ne va pas bouder notre plaisir !

Graine de corydale creuse (*Corydalis cava*) avec son élaïosome blanc

On l'a déjà évoqué, la pollinisation et la dissémination des graines de plantes dépendent souvent d'animaux (insectes, chauves-souris…) et de véhicules en tous genres. Sur certaines graines, on trouve carrément des organes spécialisés appelés élaïosomes, qui contiennent des réserves de graisse. Les fourmis ramènent l'ensemble jusqu'à la fourmilière, où elles consomment les élaïosomes. La graine est ensuite évacuée et finit par germer loin de sa plante mère, assurant la propagation de l'espèce. La collaboration plante/animal est parfois très spécifique : les fruits charnus et énormes de l'*Omphalocarpum procerum* ne peuvent être ouverts que par les éléphants ! Ceux-ci digèrent ensuite les graines, détruisant au passage l'enveloppe épaisse qui les empêche de germer avant ça. Côté orchidées, contrairement aux autres plantes, la plupart des graines ne contiennent pas de réserve : elles ont besoin d'un champignon pour germer et grandir.

Grand indicateur (*Indicator indicator*) posé sur des cellules de cire

Beaucoup d'associations se créent aussi pour trouver de la nourriture (et la digérer, voir p. 77). L'exemple du grand indicateur, un oiseau africain, est amusant et unique au monde : ce volatile se nourrit de la cire des essaims d'abeilles, mais il est incapable d'y accéder tout seul. Il a donc débuté un partenariat avec un animal qui raffole du miel, muni d'outils et de pouces opposables permettant d'y accéder : l'humain. Les gens du peuple Yao au Mozambique appellent l'indicateur avec un cri particulier, auquel l'oiseau répond en les guidant jusqu'aux essaims. En échange de son aide, et alors qu'ils gardent le miel pour eux, ils laissent la cire à l'oiseau. Tout le monde y gagne !

Seiche bioluminescente (*Euprymna scolopes*)

Certains organismes font équipe pour transmettre ou analyser des signaux. *Euprymna scolopes*, un animal hawaïen de la famille des seiches, a mis en place un partenariat fascinant avec la bactérie bioluminescente *Aliivibrio fischeri*. Celle-ci se multiplie dans des organes dédiés de l'animal, situés au niveau de sa face ventrale. Lorsqu'il chasse la nuit, les bactéries émettent une lumière d'intensité similaire à celle de la lune, ce qui lui permet de se camoufler : qu'on le voie du dessus ou du dessous, il se fond dans le décor ! Et les bactéries luminescentes collaborent les unes avec les autres au cours du processus : elles ne produisent de la lumière que si elles sont assez nombreuses, grâce au *quorum sensing* (voir p. 114).

La crevette pistolet de Randall, qui n'a pas une très bonne vue, est quant à elle capable de creuser des terriers dans lesquels viendront nicher des gobies, de petits poissons magnifiques qui ont d'excellents yeux. Lorsque ces deux colocataires sortent de leur abri, la crevette laisse l'une de ses antennes au contact du gobie, qui vibre en cas de danger ! Tous deux peuvent alors filer se cacher.

D'autres contrats permettent aux partenaires de s'économiser : la méduse Cassiopée, d'ordinaire mobile pour chercher sa nourriture peut se la couler douce grâce à une coopération avec des algues photosynthétiques. Elle s'installe la tête à l'envers sur le plancher océanique, exposant les algues à la lumière, et celles-ci s'occupent de produire des sucres. Plus besoin de bouger !

Gobie drapeau (*Amblyeleotris yanoi*) et son équipière crevette pistolet de Randall (*Alpheus randalli*)

Méduse Cassiopée (*Cassiopea andromeda*)

Tous ces exemples d'interactions sont des symbioses. Si dans le langage courant ce terme implique souvent l'idée d'un bénéfice mutuel, pour les spécialistes, il désigne toutes les associations durables et obligatoires entre deux organismes, qu'elles soient positives ou négatives. Les biologistes classent ensuite ces interactions en fonction des avantages ou des inconvénients pour chaque participant. Les exemples évoqués jusqu'ici entrent dans la catégorie du mutualisme : une association indispensable dont chacun tire un bénéfice améliorant ses chances de survie.

Dans l'indifférence, ou presque

Parfois, un organisme profite d'une interaction tandis que l'autre n'y gagne et n'y perd rien de particulier. On parle alors de commensalisme. Les plantes qui poussent à la surface d'autres plantes (qualifiées d'épiphytes) peuvent se retrouver dans ce cas de figure. Les fougères tropicales sont perchées sur d'autres végétaux pour mieux récupérer la lumière et l'humidité des brouillards de la jungle tropicale, sans porter préjudice aux espèces qui leur servent de support. Contrairement au gui, qui suçote sans scrupule la sève de ses hôtes…

Plantes épiphytes

Rémoras squattant un dugong (*Dugong dugon*)

De nombreux organismes servent aussi de véhicules à d'autres, sans que ça ne semble les gêner. Certains acariens peuvent se faire transporter par d'autres animaux et se propager, sans nécessairement leur faire du tort. De même pour de nombreux virus, qui cohabitent avec les organismes qui les hébergent sans provoquer de symptôme (les chauves-souris semblent se moquer d'être infectées par Ebola). Les rémoras, des poissons munis d'une ventouse sur la tête, s'accrochent quant à eux aux requins, tortues et mammifères marins pour prendre le bus sans se fatiguer et, tant qu'à faire, grignoter la fin de leurs repas.

Il y a aussi des organismes qui cohabitent dans le même environnement sans interagir particulièrement les uns avec les autres : on parle alors de neutralisme, car personne ne semble en profiter ou en souffrir. Un requin et une algue ou un cerf et un papillon entrent par exemple dans cette catégorie.

Vous êtes le maillon faible...

Le monde réel n'est pas tout rose, et il y a aussi des interactions dans lesquelles un des organismes est clairement perdant. C'est notamment le cas de la prédation ! Si certains organismes tirent directement leur énergie et leur matière de l'environnement, la plupart des espèces doivent en effet en consommer d'autres pour survivre. *A priori*, mieux vaut être du côté des prédateurs que de celui des proies... Mais chacun joue un rôle dans l'équilibre de son écosystème, et réduire le nombre des prédateurs ne rend pas forcément service aux autres à moyen terme.

LE LOUP EST NOTRE AMI

Grand prédateur du bétail, le loup a été éradiqué de la plupart des pays occidentaux... avec des conséquences parfois désastreuses, qui ont conduit les Américains à le réintroduire dans le parc de Yellowstone. Depuis, le nombre d'herbivores a diminué, limitant leur impact sur les arbres, et les castors sont revenus sur les berges des rivières, ce qui permet de les reverdir et de favoriser la biodiversité !

Les ressources n'étant jamais infinies dans un environnement donné, les organismes qui ont besoin des mêmes sont forcément en compétition les uns avec les autres. Celle-ci peut devenir particulièrement intense quand les ressources viennent à manquer, par exemple après une mauvaise saison ou une catastrophe naturelle. Dans ce type d'interactions, tout le monde est perdant.

Le conflit est parfois direct, quand des individus, potentiellement de la même espèce, se battent pour une proie, un territoire ou les mêmes ressources. De véritables guerres de clans se trament ainsi jusque dans les fourmilières. Mais la compétition peut être moins frontale : en exploitant le bois d'une forêt, l'humain prive sa population naturelle d'habitats et de nourriture. Si cette compétition est trop intense, des populations voire des espèces peuvent disparaître.

Enfin, il existe des interactions neutres pour l'un des participants... et négatives pour l'autre ! On parle alors d'amensalisme. Lorsque des herbivores piétinent le sol, ils le tassent. Ce qui porte involontairement préjudice aux micro-organismes du sol. Certaines plantes comme l'alliaire sécrètent pour se défendre une substance qui empêche la germination ou le développement d'autres organismes, utiles pour d'autres espèces. Ces dernières souffrent donc de la présence du végétal toxique, mais ce dernier n'en tire pas de bénéfice direct. En revanche, c'est un avantage pour lui d'éliminer la concurrence d'autres plantes en les empêchant de germer ! Détricoter la pelote des interactions dans un écosystème interconnecté est un exercice extrêmement complexe... Sans compter qu'elles évoluent selon le contexte.

Alliaire officinale (*Alliaria petiolata*)

Des relations fluctuantes

Beaucoup de mutualismes peuvent vriller dans certaines conditions. Concernant les mycorhizes par exemple, si elles présentent un avantage lorsque les plantes poussent en terrain pauvre, la présence du champignon devient un désavantage sur des terrains riches en nutriments, où il devient potentiellement un concurrent comme un autre pour les ressources. Et les exemples de ce type sont nombreux.

Le yucca est connu pour son association avec un papillon très spécifique, la teigne du yucca. La femelle papillon collecte du pollen, puis va pondre ses œufs dans les futurs fruits du yucca, qu'elle pollinise méthodiquement au passage, en laissant des phéromones pour signaler aux autres pollinisateurs que le travail est déjà fait. Ses larves se développeront ainsi dans les fruits, dont elles vont se nourrir. Si la plante détecte que la ponte du papillon est trop importante, elle stoppe la maturation de tous ses fruits, ce qui empêche la naissance des larves : personne ne se reproduira. Malheur à celui qui espérait profiter de la situation !

Teigne du yucca (*Tegeticulla yuccasella*) pollinisant une fleur de yucca

Le labre nettoyeur est un petit poisson qui consomme habituellement les parasites présents dans la bouche, les branchies, ou sur les écailles d'autres poissons. Mais s'il ne trouve pas assez de petites bêtes à manger sur ses clients, il s'attaque à des bouts de leurs écailles ou des parties de leurs muqueuses ! Tout de suite, c'est moins sympa.

Certaines espèces de plantes, dites myrmécophytes, s'associent avec des fourmis. Les acacias siffleurs fournissent par exemple du nectar et des aiguilles creuses, les domaties, pour nourrir et héberger les fourmis de l'espèce *Crematogaster mimosa*, qui défendent et réparent la plante en échange. En l'absence d'agressions,

À gauche : Labre nettoyeur (*Labroides dimidiatus*) s'occupant d'une murène léopard (*Gymnothorax favagineus*)

À droite : Domaties creuses d'acacia siffleur (*Acacia drepanolobium*)

les acacias développent moins de structures dédiées et la population de fourmis diminue, ce qui peut chambouler l'équilibre ! De nouvelles espèces s'installent, qui prennent moins soin de l'arbre, voire laissent d'autres insectes le creuser pour profiter des galeries. En changeant les partenaires, on passe d'une interaction mutualiste à une forme de parasitisme.

Parasites et préjudices

Les interactions desquelles un organisme sort gagnant au détriment de l'autre, clairement perdant, forment la grande catégorie du parasitisme. Mais on utilise le terme de parasite pour désigner tous les petits malins qui squattent les ressources produites par d'autres, ce qui peut aussi correspondre à du commensalisme si la victime ne souffre pas du processus. En tous cas, nombreux sont passés maîtres dans ce mode de vie ! La moitié des espèces sur Terre seraient des parasites, et on en trouve dans toutes les catégories d'organismes : animaux, végétaux, protistes, champignons, procaryotes et, évidemment, virus.

LES ENNEMIS DE MES ENNEMIS

Comme les prédateurs, les parasites n'ont pas bonne presse. Il faut dire qu'ils causent parfois des maladies... Mais certains peuvent aussi rendre des services médicaux ! Des virus capables d'infecter les bactéries pathogènes permettent de guérir certaines infections, les bactéries du genre *Wolbachia* infectent les moustiques et les empêchent de transmettre le paludisme... Les parasites peuvent aussi devenir des alliés !

Incapables de se reproduire sans détourner la machinerie des cellules qu'ils infectent, les virus sont devenus experts du piratage. Incrustation directement dans les génomes, capacité à se faire discrets jusqu'à ce que la situation devienne propice, bâillonnement des défenses immunitaires : l'arsenal est vaste et chaque famille virale a ses spécialités. Ils font parfois des dégâts au passage, mais ce n'est pas systématique ! Vous qui lisez ce livre, vous êtes vraisemblablement infecté par au moins un virus de type herpès, comme la majorité des humains. Et la plupart du temps, il ne pose aucun souci en dehors de quelques boutons de fièvre occasionnels. On n'a caractérisé à ce jour que quelques milliers de virus alors qu'il en existerait des milliards et, plus on creuse, plus on en découvre qui ne posent pas de problème à leurs hôtes. En tous cas, pas aux espèces qu'ils infectent en temps normal : quand un virus s'adapte à un nouvel environnement, les interactions sont souvent plus violentes…

Du côté des bactéries, on ne se gêne pas non plus pour se propager au détriment des autres. Certaines, comme les *Listeria*, poussent l'audace jusqu'à s'installer à l'intérieur des cellules d'autrui ! Et les parasites forment parfois des poupées russes : des bactéries du genre *Borrelia*, responsables de la maladie de Lyme, sont par exemple transportées dans les glandes salivaires d'un autre parasite, la tique suceuse de sang. C'est ce qu'on appelle l'hyperparasitisme !

Et que dire des vers ? Leurs façons de squatter le corps d'autres animaux ne manquent pas de fantaisie ! Si les célèbres ténias se la coulent douce dans les intestins en profitant de la nourriture, ils font figure d'amateurs à côté des ascaris, qui remontent jusqu'aux globes oculaires de leurs hôtes ! L'ambrette commune, un escargot, se fait parfois infecter par des œufs du ver plat *Leucochloridium paradoxum* lorsqu'elle consomme des excréments d'oiseaux. Le ver rejoint alors les pédoncules oculaires de l'escargot, qui se mettent à pulser et se parent de rayures colorées. Ce signal très visible attire des oiseaux, qui dévorent l'escargot parasité. L'objectif du parasite est atteint : il peut se reproduire dans un système digestif aviaire ! Jusqu'à être libéré dans une fiente, et recommencer un nouveau cycle... Devoir pirater un organisme pour se multiplier, c'est déjà compliqué. Mais quand il faut passer d'une espèce à une autre pour terminer son cycle de vie, ça devient un vrai casse-tête !

Ambrette commune (*Succinea putris*) parasitée par *Leucochloridium paradoxum*

Le niveau de manipulation mis en œuvre par les parasites pour relever ce défi est parfois impressionnant. Les gammares, de petits crustacés d'eau douce, changent de comportement lorsqu'ils sont infectés par un ver parasite. Au lieu de fuir la lumière, ils restent à la merci des poissons, qui les boulottent sans difficulté. C'est parfait pour le parasite, qui rejoint ainsi l'hôte définitif dans lequel il peut poursuivre son cycle de reproduction !

LES PARASITES MANIPULATEURS DOMINERONT-ILS LE MONDE ?

Les parasites zombificateurs font froid dans le dos, leur star étant les champignons *Cordyceps*. Ils infectent des fourmis et détournent leur système nerveux pour les faire s'ancrer sur une plante, à un endroit qui permettra aux spores du champignon de se répandre efficacement. Avant de partir à l'assaut du monde, il faudrait quand même qu'ils apprennent à supporter des températures dépassant 30 °C...

Fourmie zombifiée par le champignon *Ophiocordyceps albacongiuae*

Évident, le jeu du vivant ? Pas vraiment...

Sortir de sa niche

Vous aimeriez bien pouvoir faire disparaître les parasites d'un claquement de doigts ? Retenez-vous : ils jouent des rôles essentiels dans les écosystèmes. On estime qu'à eux seuls les virus sont responsables de la mort d'un cinquième de la biomasse microscopique des océans… chaque jour ! Leur influence sur les cycles de matières et d'énergies est considérable et leur suppression provoquerait des chamboulements imprévisibles, notamment dans le piégeage du carbone atmosphérique. Les conséquences pourraient être désastreuses.

Les écosystèmes sont de délicats équilibres, rassemblant des ressources, des habitats et un réseau d'espèces en interaction. Chaque organisme y occupe une place spécifique qui porte le nom de niche écologique. Modifier un seul élément peut rapidement déclencher un effet domino incontrôlable. Parfois, la simple rencontre entre des espèces évoluant dans des milieux différents peut suffire à créer le chaos : il suffit qu'un parasite en profite pour faire la traversée.

La plupart des agents infectieux humains étaient au départ des parasites d'animaux, qui ont fini par rencontrer cette espèce relativement récente et par s'y adapter. Parfois avec fracas : la peste, les virus grippaux, le VIH ou le SARS-CoV-2 rappellent que ce passage à une nouvelle espèce peut provoquer des pandémies ! Or, plus des organismes habituellement séparés se croisent, plus le risque qu'ils échangent des parasites augmente.

Les villes et les activités humaines grignotent sans cesse les milieux naturels, et de plus en plus d'espèces se déplacent pour s'adapter. Ce qui augmente le risque d'un transfert de parasite. Les surpopulations, aussi bien dans les villes que dans les élevages animaux, facilitent aussi la circulation des pathogènes et aggravent le problème. Aujourd'hui, la planète est un gigantesque réseau très connecté : les informations, les biens commerciaux, mais aussi les maladies voyagent à très grande vitesse. Et ça ne gêne pas que les humains !

Dans les années 1950, l'introduction du châtaignier asiatique porteur du champignon *Cryphonectira parasita* a généré une catastrophe aux États-Unis : le châtaignier américain, qui représentait 50 % du couvert forestier local, n'y était pas résistant et a totalement disparu… Alors que les châtaigniers asiatiques, eux, ne souffraient pas du tout de cette maladie ! La principale panzootie, c'est-à-dire pandémie animale, est également causée par un champignon : *Batrachochytrium dendrobatidis*, qui ravage les populations de batraciens partout dans le monde. Il s'est manifestement répandu via le commerce humain… Mais les parasites sont loin d'être les seuls dont le transport a perturbé des écosystèmes.

LE CANCER DE LA MOULE

Avec tous ses déplacements, on peut considérer que l'être humain est un vecteur de maladies aussi redoutable que le moustique ! Des chercheurs ont démontré que les mouvements des bateaux, sur lesquels s'accrochent des moules malades, propagent des cellules cancéreuses chez les mollusques bivalves des océans du monde… Ce sont les humains qui répandent la leucémie des mollusques.

Des espèces qui se sentent un peu trop chez elles...

À l'occasion de déplacements des humains, toutes sortes d'espèces ont été échangées ou déplacées, volontairement ou non, parce qu'elles étaient jolies, utiles ou simplement coincées sous une semelle. Énormément d'organismes se sont donc retrouvés loin de leurs terres et leurs niches écologiques d'origine, sans prédateurs pour les neutraliser. Certains, à leur aise dans ces nouvelles résidences, y ont tellement prospéré qu'ils sont désormais classés comme des espèces exotiques envahissantes. Les gouvernements de nombreux pays s'évertuent à les contrôler, voire à les éradiquer lorsqu'elles menacent la biodiversité locale, avec un succès souvent mitigé !

Crapaud buffle
(*Rhinella marina*)

Le crapaud buffle a été volontairement introduit en Australie pour qu'il mange les scarabées ravageurs de la canne à sucre. Sauf que ces insectes vivent en hauteur et évitent le sol, où restent les crapauds. Leurs niches écologiques ne correspondent pas et, résultat des courses, les crapauds ont dévoré à peu près tout, sauf ce pour quoi on les avait importés. Empoisonnant même les prédateurs car leur peau est toxique. Bien joué !

LE RICOCHET DE L'ÉCHEC

Toujours en Australie, les Anglais ont amené avec eux le cactus raquette opuntia, pour créer des haies piquantes pour le bétail. Dans les années 1920, il avait rendu des hectares entiers inaccessibles... Un papillon, la pyrale du cactus, a été relâché pour éliminer les opuntias australiens. Manque de chance, il s'est retrouvé aux États-Unis et s'est attaqué aux populations natives de cactus, menaçant dans la foulée les espèces qui en dépendent pour trouver de l'eau et des abris dans les zones désertiques. Oups...

Heureusement, il y a aussi des cas où les tentatives de revenir à la normale fonctionnent, notamment quand les relations de prédation sont bien comprises. L'introduction accidentelle du millepertuis perforé aux États-Unis a été une catastrophe, puisqu'il a colonisé les pâturages, provoquant la mort du bétail pour lequel il est toxique. Mais la libération du petit coléoptère *Chrysolina quadrigemina* a permis d'éradiquer 99 % des millepertuis d'Amérique du Nord. Sur l'île de Guam, au large des Philippines, des navires marchands ont introduit un serpent arboricole qui a exterminé beaucoup d'espèces d'oiseaux qui ne vivaient qu'à cet endroit. Le problème était tel qu'on a fini par le résoudre en larguant des souris empoisonnées sur l'île pour leur régler leur compte...

Sur l'île australienne de Macquarie, l'arrivée des chats et des lapins a failli causer l'extinction de toutes les populations d'oiseaux et de la végétation. Même l'introduction d'un virus causant la mort des lapins, la myxomatose, n'a pas suffi à régler le problème.

Sirocco, ambassadeur des kakapos (*Strigops habroptilus*)

Une extermination massive de tous les mammifères non indigènes de l'île a finalement été décidée. C'est aussi la solution qui a été adoptée sur certains îlots de Nouvelle-Zélande, pour protéger les derniers kakapos, des perroquets non-volants rarissimes. Cruauté ou acte héroïque de sauvetage environnemental ? Pas facile à dire…

La domestication, une association rentable ?

D'importantes modifications écologiques peuvent aussi avoir lieu quand une espèce décide d'en utiliser une autre à son profit, et se met à contrôler sa reproduction. En choisissant quels individus donnent une descendance, il est possible de privilégier certains caractères (aspect, comportement, vitesse de croissance…). Ce processus exerce une forme spécifique de sélection et oriente l'évolution ! On parle donc de sélection artificielle. Et contrairement à ce qu'on pourrait penser, cela va parfois très vite : en l'espace de quelques générations, des changements drastiques peuvent s'observer chez les individus sélectionnés.

Variété asiatique de banane sauvage

Les humains pratiquent la sélection artificielle à large échelle dans le cadre de la domestication depuis plus de 10 000 ans, sur toutes sortes d'organismes : de la levure de bière aux abeilles, dont ils récupèrent le miel, en passant par les plantes, dont ils ont développé les parties charnues et réduit le nombre de graines non comestibles (les bananes Cavendish n'en ont plus du tout !). De nombreuses espèces utilisées par les humains sont aujourd'hui très éloignées de leurs ancêtres « sauvages ».

Bien que ces interventions pour créer toutes sortes de « races » et de « variétés » soient utiles aux humains (plus de nourriture, des comportements plus dociles…), ces interactions artificielles n'ont pas que des avantages ! Manipulés à l'extrême, certains caractères peuvent porter préjudice à ceux qui les portent : les vaches de la race blanc bleu belge, sélectionnées pour leur viande, sont pourvues de fessiers si volumineux qu'elles ont des difficultés à mettre bas, et certains animaux domestiques au nez réduit, comme les chats persans et les chiens bouledogues, développent des problèmes respiratoires.

Les nouvelles espèces, sélectionnées pour répondre aux besoins humains, sont autant de concurrents supplémentaires dans l'écosystème, qui peuvent chambouler les équilibres. Ainsi, les abeilles domestiquées sont plus productives en miel, mais ce sont les abeilles sauvages qui pollinisent le plus efficacement les plantes dans l'environnement…

Si ces relations semblent déséquilibrées en faveur de l'humain, il est intéressant de noter que ces milliers d'années de cohabitation ont aussi débouché sur une meilleure compréhension entre espèces. Contrairement aux loups, les chiens aboient pour communiquer avec les humains, et ils sont capables de suivre la direction indiquée par un regard ou un doigt. Les cochons et moutons savent reconnaître les visages humains et leurs émotions. Mais où s'arrête la coopération et où démarre l'exploitation ? La question reste ouverte…

Dans les zones touristiques, certains animaux sauvages ont développé des techniques spécifiques pour modifier le comportement des humains et les inciter à les nourrir : les cerfs de Nara, au Japon, saluent poliment de la tête alors qu'à Bali, des macaques n'hésitent pas à faire les poches pour demander des rançons. Et si le domestiqueur se faisait domestiquer ?

DES FOURMIS AGRICULTRICES

Les fourmis champignonnistes des forêts tropicales parcourent de grandes distances pour découper des morceaux de plantes, qu'elles ramènent dans leur fourmilière afin d'y faire pousser les champignons dont elles se nourrissent. À leur manière, elles font de l'agriculture ! Elles semblent d'ailleurs cultiver leurs propres variétés de champignons, différentes selon les fourmilières.

Un monde connecté

Le monde vivant rassemble une énorme diversité d'organismes, qui, malgré leurs différences, partagent de nombreux points communs. La richesse de la biosphère découle de plus de 3 milliards d'années de modelage au gré de l'évolution, mais aussi des interactions permanentes entre ses membres, pour le meilleur comme pour le pire. Et c'est vrai à toutes les échelles : chaque être vivant, voire chaque organe, constitue lui-même un écosystème à part entière, riche de son microbiote ! Nous sommes tous des holobiontes, des entités composites peuplées de nombreux organismes qui interagissent les uns avec les autres et avec l'individu plus grand sur ou dans lequel ils vivent. Lui-même faisant partie d'un écosystème plus vaste.

Ce réseau est complexe, fascinant et précieux. Plus un écosystème est foisonnant, plus il est résilient face aux changements. Visualisez le vivant comme un immense trampoline ! Plus son maillage est serré, plus il est résistant et tout le monde peut en profiter : même si une maille casse, la toile résistera. Mais si le maillage est déjà distendu et fragilisé, le moindre trou supplémentaire risque de le déchirer et de provoquer une chute générale…

Domestications, chasses intenses, transformations des paysages, destructions d'habitats, déplacements d'espèces ou pollutions, les actions des humains ont eu des impacts majeurs sur la biodiversité. En fait, cette espèce a déstabilisé les écosystèmes au point de mettre sa propre survie en péril, ce qui est une forme de prouesse. Faut-il plutôt la considérer comme la grande gagnante ou la grande perdante de la battle du vivant ?

La Terre a déjà connu des extinctions de masse et la vie est résiliente. Certaines zones désertées par les humains, comme les environs de la centrale de Tchernobyl, sont devenues des havres de paix pour les autres espèces. Bref, la partie est encore en cours et rien n'oblige à la perdre ! Mieux comprendre le monde vivant et ses interactions donne de nouvelles pistes pour cohabiter en bonne intelligence avec tous les organismes fascinants qui peuplent la planète. Il faut juste penser collectif et se rappeler que chaque espèce a besoin des autres.

Dans la grande battle du vivant, personne ne gagne si ce n'est le tout !

INTERACTIONS

Crédits photographiques

Chapitre 1 - Le vivant, qu'est-ce que c'est ?
p. 10 Adobe Stock, iStockphoto, Shutterstock (3 fois), Alamy Images ; p. 12 Shutterstock, Cellules de Liège, Robert Hooke, *Micrographia*, 1665, domaine public, Shutterstock ; p. 13 Alamy Images ; p. 14 Shutterstock ; p. 15 Adobe Stock, Shutterstock (3 fois) ; p. 16 Shutterstock ; p. 18 Shutterstock ; p. 19 Adobe Stock, pinsons de Darwin, *Darwin's finches or Galapagos finches.* Darwin, 1845, John Gould, domaine public ; p. 21 Shutterstock (2 fois) ; p. 22 Shutterstock (4 fois) ; p. 23 Alamy Images (2 fois)

Chapitre 2 - Comment on fait les bébés ?
p. 26 Shutterstock ; p. 27 Shutterstock ; p. 28 Alamy Images ; p. 29 Alamy Images ; p. 31 Adobe Stock (2 fois), Shutterstock ; p. 32 Adobe Stock ; p. 33 iStockphoto, Adobe Stock ; p. 34 Shutterstock ; p. 35 Adobe Stock (2 fois), Reproduction sexuée de Dictyostelium discoideum, Raven, Johnson, Mason, Losos, Duncan, *Biologie*, 5e édition, figure 28.36, p. 604, 2020 ; p. 36 Alamy Images ; p. 37 Alamy Images, Shutterstock

Chapitre 3 - Petit organisme deviendra grand
p. 40 Shutterstock (2 fois) ; p. 41 Shutterstock (3 fois), Alamy Images ; p. 42 Libellule géante disparue Meganeuropsis, photographie d'une reconstitution taille réelle par Werner Kraus pour le *University Museum of Clausthal-Zellerfeld*, via Wikimedia Commons, Adobe Stock, Shutterstock ; p. 43 Shutterstock ; p. 44 Shutterstock ; p. 45 Shutterstock (3 fois) ; p. 46 Shutterstock (3 fois) ; p. 47 Shutterstock (5 fois), Alamy Images, Shutterstock (4 fois) ; p. 48 Shutterstock (3 fois) ; p. 49 Shutterstock

Chapitre 4 - Inspirez, expirez !
p. 51 Shutterstock (3 fois) ; p. 52 Shutterstock (2 fois) ; p. 53 Adobe Stock, Istockphoto, Adobe Stock ; p. 54 Alamy Images, Shutterstock, Istockphoto, Shutterstock ; p. 55 Alamy Images, Istockphoto, Shutterstock (2 fois) ; p. 56 Shutterstock, Alamy Images, Shutterstock (2 fois) ; p. 57 Shutterstock ; p. 58 iStockphoto (2 fois) ; p. 61 Câbles électriques bactériens, Prescott, Willey, Sherwood, Woolverton, *Microbiologie*, 5e édition, Photo B de la figure 22.28, p. 525, Shutterstock

Chapitre 5 - On passe à table !
p. 64 Adobe Stock, Alamy Images, Adobe Stock ; p. 65 Alamy Images, Adobe Stock (2 fois) ; p. 66 Shutterstock ; p. 67 Adobe Stock (3 fois) ; p. 68 Adobe Stock (6 fois) ; p. 69 Adobe Stock ; p. 70 Adobe Stock ; p. 72 Shutterstock, Adobe Stock (3 fois)

Chapitre 6 - Il faut bien que ça sorte !
p. 74 Alamy Images (2 fois) ; p. 75 Adobe Stock ; p. 76 Adobe Stock, Ver ramifié Ramisyllis, Aguado, M.T., Ponz-Segrelles, G., Glasby, C.J. *et al. Ramisyllis kingghidorahi n. sp., a new branching annelid from Japan. Org Divers Evol* **22**, 377–405 (2022). https://doi.org/10.1007/s13127-021-00538-4, Adobe Stock ; p. 77 Adobe Stock, Shutterstock ; p. 78 Adobe Stock (2 fois) ; p. 79 Shutterstock, Adobe Stock (2 fois) ; p. 80 Arbre à sève bleue, Isnard S, L'Huillier L, Paul ALD, Munzinger J, Fogliani B, Echevarria G, Erskine PD, Gei V, Jaffré T and van der Ent A (2020) *Novel Insights Into the Hyperaccumulation Syndrome in Pycnandra (Sapotaceae). Front. Plant Sci.* 11:559059. doi: 10.3389/fpls.2020.559059, figure 1 panel H ; p. 81 Adobe Stock, Alamy Images, Adobe Stock

Chapitre 7 - Tout le monde se bouge
p. 85 Adobe Stock ; p. 86 Adobe Stock (4 fois) ; p. 87 Adobe Stock (3 fois) ; p. 88 Adobe Stock, Shutterstock, Mille patte, Marek, P.E., Buzatto, B.A., Shear, W.A. *et al. The first true millipede—1306 legs long. Sci Rep* **11**, 23126 (2021). https://doi.org/10.1038/s41598-021-02447-0, figure 1 panel A ; listeria ; p. 89 Alamy Images, Adobe Stock, iStockphoto ; p. 91 Adobe Stock (3 fois), Alamy Images ; p. 92 Adobe Stock (2 fois) ; p. 93 Alamy Images, Listeria, Karp, Isawa, Marshall, *Biologie cellulaire et moléculaire de Karp*, 4e éd., figure 1 (b), p. 359, Shutterstock ; p. 94 Adobe Stock (2 fois) ; Adobe Stock (2 fois) ; Adobe Stock (2 fois), Shutterstock

Chapitre 8 - Œil pour œil et sens pour sens !
p. 99 Shutterstock ; p. 101 Adobe Stock (4 fois) ; p. 102 Adobe Stock, Shutterstock, Adobe Stock ; p. 103 Alamy Images, Adobe Stock (2 fois) ; p. 105 Shutterstock, Adobe Stock ; p. 106 Hoppenrath, M., Bachvaroff, T.R., Handy, S.M. *et al. Molecular phylogeny of ocelloid-bearing dinoflagellates (Warnowiaceae) as inferred from SSU and LSU rDNA sequences. BMC Evol Biol* **9**, 116 (2009). https://doi.org/10.1186/1471-2148-9-116, figure 1 panel a ; p. 107 Adobe Stock (2 fois) ; p. 108 Alamy Images, Adobe Stock ; p. 109 Adobe Stock (2 fois), Alamy Images, Adobe Stock ; p. 110 Alamy Images ; p. 111 Alamy Images, Adobe Stock

Chapitre 9 - Je te reçois 5 sur 5 !
p. 113 Adobe Stock (2 fois) ; p. 114 Adobe Stock ; p. 116 Shutterstock ; p. 117 Shutterstock (3 fois) ; p. 118 Shutterstock (3 fois) ; p. 119 Shutterstock (3 fois), Alamy Images ; p. 120 Alamy Images (2 fois), Adobe Stock ; p. 121 Adobe Stock, Agefotostock ; Adobe Stock, Shutterstock ; p. 123 Adobe Stock ; p. 125 Adobe Stock

Chapitre 10 - À la guerre comme à la guerre
p. 127 Shutterstock, Adobe Stock, Shutterstock ; p. 128 Shutterstock, Alamy Images ; p. 129 Alamy Images, Shutterstock ; p. 130 Shutterstock (3 fois), Alamy Images ; p. 131 Shutterstock (2 fois) ; p. 132 Adobe Stock ; p. 135 Alamy Images ; p. 136 Shutterstock ; p. 138 Shutterstock

Chapitre 11 - Une pause s'impose
p. 142 Adobe Stock (3 fois) ; p. 143 Adobe Stock (3 fois) ; p. 144 Adobe Stock (2 fois), Alamy Images, Adobe Stock ; p. 146 Adobe Stock (2 fois) ; p. 148 Adobe Stock (2 fois) ; p. 149 Alamy Images, Adobe Stock ; p. 150 Adobe Stock, Shutterstock, Adobe Stock, Alamy Images ; p. 151 Alamy Images

Chapitre 12 - Tous pour un et un pour tous !
p. 154 Adobe Stock (2 fois) ; p. 155 Adobe Stock, Alamy Images, Adobe Stock ; p. 156 Adobe Stock, Alamy Images, iStockphoto ; p. 157 Adobe Stock (3 fois) ; p. 158 Adobe Stock ; p. 159 Adobe Stock (4 fois) ; p. 161 Adobe Stock (2 fois) ; p. 163 Adobe Stock (2 fois) ; p. 164 Adobe Stock (2 fois) ; p. 165 Adobe Stock

Bibliographie en ligne

www.lienmini.fr/45393-Biblio

Achevé d'imprimer en octobre 2023 par SEPEC/AGM en France - Dépôt légal : Octobre 2023
N° d'éditeur : DBSSI20210682 - N° d'impression : SA19387230702